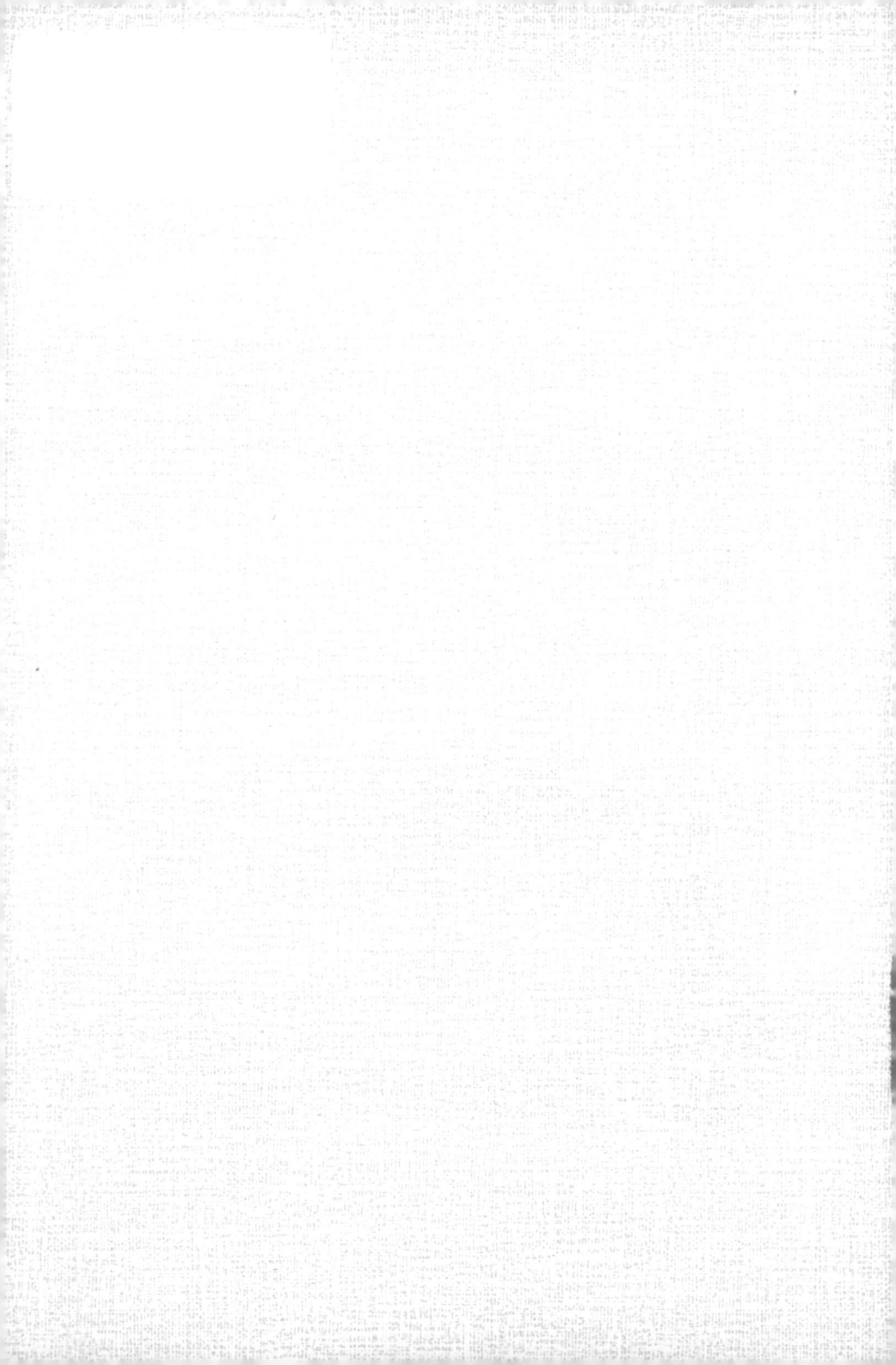

数字经济浪潮

未来的新趋势与可能性

李拯 著

人民出版社

序　数字经济发展下的
新机遇和新挑战

彭文生

　　近十年来我国数字经济发展势头迅猛，根据中国信息通信研究院测算，数字经济增加值已由 2011 年的 9.5 万亿元增加到 2019 年的 35.8 万亿元，占 GDP 比重提升了超过 15 个百分点。2020 年新冠疫情来袭，在线办公、视频会议、网上授课等无接触经济蓬勃发展，有效对冲了经济下行风险，加速了企业的数字化战略布局。一项针对全球 2569 家企业的调研发现，本次疫情将全球的数字化进程至少提前了 5—7 年。

　　伴随着技术进步和商业模式的创新，数字经济推动劳动生产效率提升，可以一定程度上抵消劳动年龄人口下滑的影响。同时，随着远程沟通成本的下降，部分服务无需面对面接触也可以实现，服务业可贸易程度提高，进而促进服务跨区或跨境发展，这对未来的经济发展模式和经济结构具有重要含义。

　　数字经济如此深刻而全方位地改变着社会，这越来越引发学者关注，关于数字经济的研究也日渐增多，《数字经济浪潮》

这本书便是其一，本书从多元思维模型和多样认知坐标来前瞻数字浪潮，为我们描述了未来数字经济时代的多种新趋势与可能性。

当然，这样一场深刻的数字革命显然不会只有帕累托式改进，只是人们对问题和风险的认知还存在较大的分歧，数字经济中起码有三方面的问题值得我们深入思考和研讨。

一、数字经济时代垄断的是与非

数据是数字经济时代的核心生产要素，数据的采集、加工与使用具有明显的规模经济与网络经济性，低甚至零边际成本意味着创新创业的门槛较低，但先发企业能够凭借自我增强的大数据优势来实现与固化垄断地位。

现实中哪些数字经济企业是"好"的垄断，哪些是"不好"的垄断，并没有那么分明——它们很可能在开始阶段是"好"的垄断，与创新紧密联系，但发展到一定规模后，往往会利用知识产权、网络效应等构建竞争壁垒，寻求垄断租金，这就有可能阻碍竞争。

因此，判断数字经济是否出现"垄断"，还需要用动态的眼光看待。按照熊彼特的创新理论，垄断和创新有天然的联系，没有垄断的超额收益，就不会有那么大的创新动力。科技公司创新失败的可能性很大，因此需要风险溢价的补偿来吸引创新。超额收益既来自垄断租金，也来自整体市场要求的风险补偿。

从历史经验来看，巨型科技公司的垄断似乎符合上述动态的特征。比如20世纪90年代，雅虎搜索引擎一家独大，几乎占领了所有的搜索市场，但在谷歌推出搜索引擎后，雅虎的搜索业务很快就被性能更优异的谷歌搜索所替代。如果监管层一开始就强力监管雅虎的搜索业务，限制其盈利，可能谷歌也没有动力推出更好的搜索引擎。类似例子在中国也不鲜见，电商平台京东与阿里尽管构建了很高的行业壁垒，但无法阻止拼多多的快速崛起，同样爱奇艺、优酷也没有办法阻止抖音成为世界级的流行应用。

因此，如何判断数字经济中的"垄断"现象仍是个充满争议的话题。我们既要鼓励竞争、防止恶意的垄断，也要用动态的眼光去看待数字创新中的回报问题，不能为了反垄断而误伤创新。

那么我们能否对科技企业的垄断行为进行监管呢？学术界提出一种可能，就是从数字经济最重要的生产要素——数据出发，降低数据使用的排他性。监管层可以对不同的科技公司基于自身收集的数据作出互操作性的要求（interoperability mandate）。这背后的逻辑是，如果数据的生产力具有规模效应，那么收集数据的过程就是在奖励先行者，但这其实损害了消费者的利益。因为消费者只能被迫选择最先收集数据的公司，而无法选择其他可能提供更好服务的公司。一旦数据具有一定的互操作性，就能避免后来者的竞争劣势。当然，这种监管方式需要专家学者的密切合作，既要防止对初始者的创新抑制，也要防止消费者隐私被滥用。因此监管活动本身可能也需要是动态的，在保护自由市场运作机制的同时，根据具体情况作出调整。

二、贫富分化新问题

历史上，从两百年前的李嘉图到一百年前的凯恩斯，经济学家一直都担心机器替代人。经济学里有个专有名词叫"技术性失业"（Technological Unemployment），即技术进步所导致的失业。这种担心贯穿于历史，一直存在争议。

当下我们如何来看待这个问题呢？这次新冠疫情下数字经济的快速发展带给我们一个重要启示是，机器可以赋能人，也可以替代人。机器对人的赋能，体现在很多领域。比如餐饮外卖行业，数字技术、智能手机、GPS 定位等技术支持，有效提高了外卖员的配送效率；远程教育、远程办公、远程医疗等无接触经济，并没有替代老师、白领工人和医生，而是对他们进行了赋能。数字技术使得我们在社交隔离的情况下维持一定的经济活动，它和人是互补的。当然机器也可以替代人，比如无人物流、无人驾驶等。

数字经济在中美两国替代人和赋能人的程度并不一样，这跟中美的禀赋差异相关。美国数字经济的发展，更多的是机器替代人，通过资本深化替代就业。中国数字经济的发展，更多的是机器和劳动力互补，对劳动力是友好的。美国的劳动力替代型数字经济体现为常规性、简单重复的工作，比如制造业流水线作业，甚至有些复杂性工作也能够被机器替代。中国的劳动力互补型数字经济则体现在一些非常规的服务上，比如说外卖、送货员、专车司机、视频主播等等。

不过，虽然现阶段数字经济在中国的发展有劳动友好型的一面，但中国也难以避免数字经济加大收入分配差距的共性的一面，数字技术使得明星企业和个人可以用低成本服务大市场，少数个体实现赢者通吃。

美国有学术研究显示，过去 40 年劳动者之间收入差距的扩大，主要反映在（同一行业内）受雇企业之间的差别，而不是职业之间的差别。这背后一个重要的相关问题是数据产权没有明确界定，相关企业对大数据资源免费地、排他性地占有，实际上是独占了关键资源的垄断租金。如何界定大数据产权归属？对于这种垄断租金，应该采取管制方式还是征税方式？如果征税，如何确定税基、税率？数字经济越壮大，这些问题越不容忽视。

与此同时，数字经济也丰富了应对贫富分化的政策工具：数字移民和数字货币。解决区域发展不平衡的传统办法通常是劳动力转移，或者产业转移。数字经济创造了一个新思路，即"数字转移"。例如，大企业将客服中心布局在欠发达地区，劳动力无需转移就可以享受发达地区的辐射带动，可以看作是"数字移民"；数字新基建催生了网络直播、云旅游等方式，将欠发达地区的风土人情、青山绿水等特色资源"运输"到发达地区，"产业数字化转移"增加了当地百姓的收入。数字货币方面，中国人民银行数字货币重点在于发展电子支付手段，但从长远看，数字货币的发展可能对现有金融体系产生颠覆性影响，促进普惠金融、降低金融的顺周期性，帮助结构性导向的财政政策更有效发挥作用，更好地平衡效率与公平的关系。

三、数字治理面临的挑战

数字经济快速发展，对国内和国际的数字治理也带来了新挑战。

国内层面，面临个人数据采集和隐私保护的问题。当人们安装手机应用时，应用客户端通常会弹出一个征求"同意"的条款声明，这些条款往往冗长难懂、字体细小，却都包含着数据使用的授权协议，而用户除了点击"同意"别无他法。当人们使用手机时，个人数据就会被源源不断地上传到相关应用的服务器上。虽然很多人意识到私人数据被采集，但对于哪些数据被采集，以及这些数据被如何使用却一无所知。数据采集和使用的"黑箱",让民众在防范隐私泄露方面极为被动。

由于数据具有非竞争性,有时还具有非排他性,这就让数据某种程度上具有了公共品的属性,对个人而言意味着隐私更容易受到侵害。比如疫情期间健康码的大量使用,如果这些数据在疫情后不能安全退出,一旦泄露就有可能损害个人的隐私。

关于是否应该保护隐私,学术界分成了两派:一派以芝加哥学派为代表,他们认为个人有动机隐瞒自己的负面信息,而这些行为会转嫁成其他市场参与者的成本,在竞争市场中保护隐私会降低社会福利和市场的运行效率,而完全信息有助于提高市场效率。但另一派则认为,个人的行为动机具有复杂性,芝加哥学派背后的利己行为假设并不准确。如果不保护隐私,科技企业可以利用收集的数据推测消费者偏好,从而实施价格歧视,消费者剩余都将被企业拿走;企业还可将消费者数据出售给第三方,但消费者却无法分享任何收益,甚至可能承担数据被滥用的风险。因此对保护个人隐私有助于提高经济效率和社会福利水平。

无论理论如何,数字经济发展对数据依赖越大、信息传递障碍越少,隐私泄露造成的伤害也就越大。数字经济时代,公权力介入数据监管以及隐私保护已是大势所趋。事实上,备受关注的《个人信息保护法》已于 2020 年 10 月由全国人大法工委公布草案并向全社会公开征求意见。随着数字经济的发展,隐私保护将会持续成为公共治理的一个重要议题。从公平角度看，立法保护隐私数据是必要的；从效率角度看，隐私保护的关键可能在于度，甚至需要设计状态依存的保护制度。

此外，在国际层面，未来可能在服务贸易、国际征税以及数据主权和安全等领域出现新的国际冲突风险。

服务贸易冲突容易理解，就像制造业贸易量扩大后会产生国际摩擦，服务贸易量扩大也可能带来纠纷，中国需要积极参与并适应数字经济时代的国际贸易规则的变革。

税收方面，针对数字经济绕开现行征税准则的逃、避税问题，国际上讨论比较多的替代性方案是基于用户征税，这需要进行国际协调以确定各国所属的应税税基。在世界大变局背景下，国际协调难度正在变大。

更大的国际冲突风险可能来自于国家安全或者说数据主权问题。美国和印度近期对中国平台企业的不友好做法，固然存在政治层面的原因，但也反映了一个问题：大数据归属是否涉及到主权甚至是国家安全问题？近期中国在《中国禁止出口限制出口技术目录》新增"基于数据分析的个性化信息推送服务技术"，似乎也印证了大数据及相关技术对于国家安全的重要性。

《数字经济浪潮》一书指出，以"万物皆数、万物互联、万物智能"为特征的数字经济，即将引领人类社会的第四次浪潮，并从多方面展望数字经济浪潮将如何全方位改变我们的世界与生活，既讨论了未来前沿技术甚至组织形态的可能演变，也涉及我前述的全球化、收入分配、数字货币等公共政策领域的挑战。我们在对数字经济满怀期待的同时，也应保持一份清醒。很高兴应作者邀请，为本书做序，希望这本书可以促进数字经济领域相关问题的讨论与研究。

（作者为中金公司首席经济学家、研究部负责人）

目　录

　　现在，保护主义、逆全球化沉渣泛起，每个人都在关注全球化的命运。在数字时代，全球化将何去何从？从长远来看，新一代数字技术引领的科技革命形成产业应用的快慢，将对全球化产生重要影响。

"我的工作会被人工智能取代吗？"大数据给很多职业带来了焦虑。我们将尝试找到人工智能替代人类智能的边界，即寻找人类智能不可替代的独特优势在哪里，让每个人都能成为更好的自己。

数字化实现了数据的集中，也促进了信息的扁平流动，因此也将改变我们每个人生活在其中的组织结构。未来的组织形态，将实现集中化与扁平化、中心化与分布式的双向运动与有机结合，既提升效率，又激励创新。

随着数字经济的兴起，基于区块链技术的数字货币也将获得广泛流通。数字货币将在拓展金融应用场景、改革金融监管方式、颠覆跨境支付体系等方面产生影响，同时也会改变每个人的财富观念和理财方式。

211 | 第八章　数字时代，你将如何实现"数字化生存"？

　　面对呼啸而至的数字经济浪潮，个人将如何生存、如何寻找意义和价值？人们更需要培养创造性思维能力、把握隐性知识的能力、"人机协作"的能力，同时可以实现现实世界与虚拟世界的多元化生存。

前　言　"万物皆数、万物互联、
万物智能"的数字经济浪潮

我认出风暴而激动如大海

——题记

2020 年注定是不平凡的一年。很多年以后，人们将如何回忆 2020 年？大多数人首先想到的是"新冠肺炎疫情"，但未来的人们却很可能给出另一个答案，那就是：2020 年将作为数字时代的里程碑之年，载入人类的史册。

这多少有点哈耶克"人类行为的意外后果"的味道。当全球各国动用各种资源防控疫情，各国人们竭尽全力避免疫情影响时，人类社会已经在客观上、不知不觉中更加深层次地数字化了。病毒在生理学意义上进化，与之搏斗的人类社会，则开始在数字化轨道上加速进化。

看看我们的身边，数字化技术已经深深融入到生活之中。运用大数据分析和 AI 算法，形成精确的疫情地图，健康码一码在手，解决了 10 亿级人口的流动问题；同时，线上办公、线上娱乐、直播带货、云旅游、线上新型消费等数字经济新模式新业态不断涌现，给停滞的世界经济打开了新维度；企业员工们学会了天南海北通过线上协作，来完成以前聚在写字楼完成的任务，老师们学会了在线上授课，还学会了喊醒在另一端打瞌睡的孩子……仿佛在一夕之间，人们从未如此接触数字生活，经济从未如此拥抱数字技术，政府从未如此追求数字治理。

在疫情之前，以大数据、云计算、物联网、5G通讯、人工智能等新一代数字化技术，已经推动人类向着数字时代奔跑。疫情则"意外地"加速了这一进程，拓展了人类社会数字化的速度、深度和广度。很多年前，托夫勒把"信息化"称之为人类社会在农业社会、工业社会之后的第三次浪潮，现在，人类已经站在了数字时代的门口，而数字化将在信息化之后引领人类社会的"第四次浪潮"，也可称之为数字经济浪潮。

一、疫情"意外"加速了整个世界的数字化进程

这段时间，硅谷"钢铁侠"埃隆·马斯克频频占据全球媒体头条。在他一手创办的脑机连接（Neuralink）公司的发布会上，马斯克展示了在人脑中植入芯片的最新进展，上演了科幻电影照进现实的精彩一幕。

在这个实验中，名为格特鲁德（Gertrude）的小猪在两个

月前被植入了一个硬币大小的电脑芯片，当格特鲁德用鼻子到处探索时，可以清晰地观察到其脑电波的波动，这说明脑机接口感应到了小猪大脑负责嗅觉味觉电子神经元的信号。而当格特鲁德小猪被放在了跑步机上运动时，植入的电脑芯片"高精度"预测了小猪在跑步机上的肢体运动，脑机接口接收到了小猪大脑下达给四肢的指令，并通过数据显现了出来。

而脑机接口的设备 Link V0.9 则只有硬币那么大，拥有1024 个通道，集成了各种传感器、束线和无线通信等功能，能感应温度气压，并读取脑电波、脉搏等生理信号，通过"蓝牙"进行实时数据传输。小小一枚"硬币"，通过外科手术机器人，可以在一个小时内接入大脑，实现大脑与 AI 算法的连接。"人机一体化"似乎正从想象变为现实。

当然，真正要把芯片植入人脑，远比植入小猪的大脑更为复杂，也会引起很多伦理层面的争论。但马斯克仍然成功点燃了人们的想象力热情，激发了人们对未来数字时代的憧憬。事实上，把芯片植入人脑，可能还需要很长时间才能实现，但它代表着一种趋势和潮流，即数字化技术正在以无处不在、无远弗届的方式渗透进我们的生产生活，甚至是进入我们的身体。小猪格特鲁德就是这样一个隐喻：如果数字化可以与大脑相连，还有什么是数字化不能渗透的呢？

这确实是一个正在急速发生的趋势：人类社会正在快速地、全面地进入数字化轨道。突如其来的新冠肺炎疫情，在客

"万物皆数、万物互联、万物智能"的数字经济浪潮

观上加速了这一进程。由于线下活动受到阻碍，人们的经济活动、社会交往都快速地搬移到线上。居家办公催生了巨大的线上会议需求，视频通信提供商 ZOOM 二季度营收较 2019 年同期增长 355%，亚洲首富李嘉诚作为早期投资者，竟有三分之一的个人净财富来自于这项投资。腾讯会议、腾讯课堂、钉钉等在线平台也日益活跃起来，全国超过 1.8 亿学生每天进行远程上课，已经有超过 1000 万家企业，2 亿人在线办公。

在疫情防控期间，电子设备的销售快速增长，得益于居家办公对于电脑、智能手机的广泛需求。2019 年人们还在讨论苹果何时突破 1 万亿美元，2020 年以来，苹果的市值已经数次冲破 2 万亿美元高点，超越沙特阿美，成为全球市值最大的公司。由于股价连续翻倍，特斯拉超越丰田，成为全球市值最高的汽车制造商，创始人马斯克的个人财富已经超过"股神"巴菲特。以全球电商和云计算服务见长的亚马逊，创始人贝佐斯的个人财富净值已经超越了麦当劳和阿迪达斯的总市值。苹果超越沙特阿美，特斯拉超越丰田，这些事情其实非常具有象征意义，即数字化技术赋能的新经济，正在超越传统的经济形态。

对社交媒体进行的大数据分析，也可以发现人们的线上活动更加频繁。疫情发生的一个月时间，抖音的粉丝增长了 69.5%，快手的粉丝增长了 77.7%，哔哩哔哩动画的粉丝增长了 45.9%。在直播经济火热之时，李佳琪的直播带货可以引起数千万人围观，微博话题阅读量动辄达到数亿，各路名人纷纷加入到直播带货行列之中，以期在线上打破时空限制，获得更多人的关注。直播带货、线上消费、云旅游、云展览等新型数字化消费方式，使得消费不再局限于购买行为，更兼具社交、互动、休闲等附加功能。

由于中国在疫情防控中充分运用数字化技术，取得了疫情防控的积极成效，在客观上则促进了中国数字政府、数字治理水平的跃升。《2020 联合国电子政务调查报告》显示，我国电子政务发展指数从 2018 年的 0.6811 提高到了 2020 年的 0.7948，排名提升至全球第 45 位，达到"非常高"水平，特别是作为衡量国家电子政务发展水平核心指标的在线服务指数上升为0.9059，指数排名大幅提升至全球第 9 位，进入全球前十行列。由此可见，国家治理也在加速数字化转型。

总体而言，疫情在客观上扮演了一个历史扳道工的角色，时代列车从这里驶入了数字化的快车道。人们从这里开始了大规模的"数字迁徙"，以更快的速度撞向数字时代的大门。

二、数字经济浪潮：万物皆数、万物互联、万物智能

在此之前，以大数据、云计算、物联网、人工智能、5G通讯等为代表的新一代数字技术，已经形成了强大的"数据价值链"，数据智能也在社会各个领域崭露头角。

数字时代的标志，是新一代数字技术在经济社会中的广泛渗透，核心是三个元素，即：数据＋算法＋算力。从数据来看，在数字时代万事万物都可以被数据化。诸如文档、视频、图片、地理位置、主观偏好等都可以数据化，我们的语言、文字、声音，经济活动产生的痕迹，以往分别属于听觉、视觉、味觉等不同感官系统的信息，都可以适当地编辑为数据。几千年前古希腊的毕达哥拉斯说"万物皆数"，这一判断有可能在数字时代成为现实。

同时，由于5G通讯的发展，数据的传输将迎来革命性的变化。5G不是4G的简单延续，而是革命性变化。5G具有四大重要特点：高速度、泛在网、低功耗、低时延。4G一秒只能传输100M数据，5G则可以传输10G数据，提升了100倍。将来20%左右的5G设施将用于人和人之间的通信，80%用于物和物、物和人之间的通信，也就是物联网。随着5G的成熟，万物互联将成为现实，我们在生活中遇到那些无机世界的物品，包括家里的电视、冰箱、洗衣机，以及行走在马路上的汽车，都可以由于5G而接入互联网，成为物联网的一个节点，成为信息的接受者和发布者。

5G使得数据传输打破了时空限制，因此可以催生出丰富的应用场景。由于数据传输延迟降到毫秒级，需要应急处理各种情况的自动驾驶技术，有可能可以实现；由于生产线上各个元器件可以相互连接、实时互动，智能工厂、智能制造将渐行渐近；由于高清视频技术的成熟，大宽带、低时延可以确保数据的实时共享，远程作业、远程手术等将成为可能。以信息化为标志的第三次浪潮已经表明，连接本身就能创造价值，开放本身就是创新。而在 5G 时代，随着人与人的连接扩展到人与物、物与物的泛在连接，万物互联将极大提升互联网的广度和深度，这将给生活带来难以想象的变化。

这只是"数据＋算法＋算力"中数据这一环，但数据不能自动呈现蕴藏在其中的洞见和价值，这就需要运用云计算的方式集中存储、处理数据，通过云计算底座上的人工智能算法来挖掘海量数据背后的洞见。通过"算法之眼"，可以从海量数据中看见人的肉眼看不见的信息。比如说，把电商记录的消费痕迹收集起来，通过大数据分析可以看见消费趋势；对工业生产的数据进行训练，可以找到降低能耗、提升效率的新路径。随着数据中心建设的扩展，万物数字化之后的数据将通过"云平台"连接、存储起来，拥有统一的管理方式、调度策略和数据／操作标准，数据能够被统一收集、存储、分析和利用，并被算法进行秩序化，数据智能由此获得生长。

万物互联、万物皆数极大丰富了数据的存量，同时随着处理数据的算法水平不断提升，基于数据化的人工智能将迎来飞跃，日益接近"奇点"。电商企业将大量应用基于数据的智能决策，在数据量庞大的应用场景中，通过数据智能完成海量搜索与个性化服务；在金融领域，在设计好的算法与模型中，可

"万物皆数、万物互联、万物智能"的数字经济浪潮

以自动呈现企业的信用情况、贷款风险等信息；在各行各业，很多简单、重复、标准化的工作，将被人工智能取代，可以把人从这些枯燥、繁重的事务性工作中解放出来。同时，只要能够对现实世界采集足够多的数据，经过一定的计算机模拟，可以建构一个与现实物理世界形成映射关系的虚拟世界，可以在数字孪生世界进行试验，从而以成本最小的方式来指导物理世界的实践。

当然，数据与算法还面临着一个约束条件，即算力。如果没有足够的算力来处理呈几何速度增长的数据，那么数据智能只能是空中楼阁。未来最有可能取得突破的是量子计算，量子计算如果能成功突破，将极大突破人类处理数据能力的瓶颈。全球最强大的超级计算机要花1万年完成的任务，量子计算机只需要3分多钟时间，这使得人类有可能突破经典计算机物理局限的可能性。当然，即便量子计算无法取得突破，未来计算机的算力仍将不断提升，为处理不断增长的数据提供支撑。

现在，我们可以来想象这个呼啸而至的数字经济浪潮——万物皆数、万物互联、万物智能。万物皆数，万事万物都可以数据化，通过5G通讯和物联网实现人与人、人与物、物与物的泛在连接；万物互联，海量数据将通过云平台存储、连接起来，完成云、网、端一体的大闭环；万物智能，运用智能算法和超前算力，挖掘数据洞见、实现数据智能，共同构成一个万物智能的世界。万物皆数、万物互联、万物智能，整个世界都在快速进行数字化转型。

第四次浪潮本来已经在向人类走来，疫情则猛烈推了一把，终于风起浪涌，呼啸而至。

三、数字经济浪潮将如何改变我们的世界与生活？

孩子们学会了上网课，大人们适应了远程办公，各行各业接受了视频会议……这些由疫情带来的"小趋势"，只是数字时代生活方式的一个剪影。未来，经济社会发展的方方面面都会被数字化、智能化深深改变。

在国家治理中，数据智能将提升治理效率、优化政务服务，实现"一网通办""不见面办事"，用"数据智能的新维度"解决现实的疑难杂症；在经济活动中，新一代数字技术正在重新塑造经济运行的方式，"产业数字化"与"数字产业化"的双螺旋将催生一个全新的数据价值链；在社会生活中，人们的社会交往、日常生活都将向数字化、智能化"迁徙"。第四次浪潮将对经济社会发展的各个方面都产生影响，数据如潮水，潮起时世界随之而变。

"人们惊讶，人们寻求答案"。正如人们在评价托夫勒的第三次浪潮时，托夫勒也许并没有给我们带来直接财富，但他许给了人们一个梦想，以及实现梦想的方法。生产力改变生产关系，技术变革将改变人类社会的运行方式。以大数据、云计算、物联网、5G通讯、人工智能等为代表的新一代数字技术的广泛应用，将掀起新一轮科技革命和产业革命，同时对世界格局、经济生产、社会运行、财富分配、组织形式甚至人自身的存在方式产生巨大影响。未来越是充满不确定性，人们越希望能够获得确定性的认知。

数字时代带来了很多重大的转变，如何认知这些变化，成为站在数字时代门口的重大问题。这些问题影响着政策制定者、商界精英、每个职场人和大学生对未来的判断。本书将用一个简约而深刻、平常见奇崛的方式审视未来，它借鉴马斯克"第一性原理"的认识论和方法论，用简单而深刻的原理来分析复杂而多变的现象。本书列出了八个重要问题，对可能引起的改变进行探讨。

现在，保护主义、逆全球化沉渣泛起，每个人都在关注全球化的命运。在数字时代，全球化将何去何从？第一章主要论述数字时代全球化的命运，从全球化动力机制的视角，可以看到从长远来看，新一代数字技术引领的科技革命形成产业应用的快慢，将对全球化产生重要影响。

从世界看中国，在经历了几十年的高速增长、人均GDP站上1万美元台阶之后，中国经济下半场靠什么？第二章主要论述数字时代中国经济增长的展望，在后发优势逐步触顶之后，中国经济的下半场将主要依靠科技创新和超大规模国内市场，这都与新一代数字技术引领的科技革命息息相关。

从科技创新而言，哪一项技术将对科技革命和产业革命起到广泛的引领作用？第三章主要寻找引领新一轮科技革命的通用技术，在比较了5G通讯、大数据、云计算、人工智能、能源技术、生物技术、空间技术之后，发现5G通讯和数据智能相关技术最有可能引领新一轮科技革命和产业革命。

每一次产业革命，也都会带来社会财富分配的变化，这也是人们普遍关心的切身问题。第四章主要论述数字时代的收入差距问题，发现数字化技术既可能加大贫富差距也可以缩小收入悬殊。数字化技术促进了科技垄断和财富集中，但同时，数字化加速了知识共享和扩散，又有利于缩小差距。关键在于，要学会运用数字化为自己赋能。

除了收入差距之外，更多人还关心自己的工作被人工智能替代的风险。第五章尝试找到人工智能替代人类智能的边界，即寻找人类智能不可替代的独特优势在哪里。数据智能既有优势，但也有其边界。对于"未知的未知"，是人工智能预测未来时的短板，因为这类事情根本不可能从已知世界的信息进行预测。

对于每个人都生活在其中的各类组织而言，第四次浪潮将重新塑造组织形态。第六章将揭示出，在数字时代，各类组织将实现集中化与分布式的双向运动与有机结合，大数据促进了信息的集中，但创新仍需要分布式、扁平化的多中心结构。同时，就近解决问题的边缘智能，更有利于效率提升。

随着数字经济的兴起，基于区块链技术的数字货币也将获

"万物皆数、万物互联、万物智能"的数字经济浪潮

得广泛流通。第七章将关注数字货币对金融体系的影响。比特币的天然缺陷是缺少价值背书，脸书推出 Libra 和主权国家发行央行数字货币是两种思路，将在拓展金融应用场景、改革金融监管方式、颠覆跨境支付体系等方面产生影响。

在本书的最后一章，将回归到人本身。康德说，人只能作为目的而非手段。最后一章将展望个人在数字时代如何生存、寻找意义和价值。人们更需要培养创造性思维能力、把握隐性知识的能力、"人机协作"的能力，同时可以在虚拟世界创造"第二人生"，突破时间的单向度局限，实现现实世界与虚拟世界的多元化生存。

查理·芒格是一位年近百岁的智慧老人，他主张要有多元思维模型，不能掉入到单一学科之中。这本书也力求从多元思维模型、多样认知坐标来前瞻第四次浪潮，因此在很多专业领域未必能做到完全专业，难免会贻笑大方之家。但这本书提供的不是结论，而是分析问题的方法，或者只是扮演数字经济浪潮的报幕人角色，在人们繁忙之余拍拍肩膀，提醒人们抬起头看向远方："瞧，数字时代来了！"

数字经济浪潮具有足够大的想象空间，插上数字化的翅膀，每个人都可以飞得更高更远。

第一章

数字时代，
数字经济能对冲
逆全球化影响吗？

现在，保护主义、逆全球化沉渣泛起，每个人都在关注全球化的命运。在数字时代，全球化将何去何从？从长远来看，新一代数字技术引领的科技革命形成产业应用的快慢，将对全球化产生重要影响。

知 识 要 点

1. 判断全球化的命运，需要从长期动力机制和短期疫情冲击两个方面进行综合研判。揭示全球化的动力机制，可以理解工业革命以来的全球化历史和近年来出现的逆全球化趋势，疫情对全球化的冲击集中体现在经济问题政治化的程度。

2. 全球化是资本扩张驱动的结果，其深层动力在于资本在不断寻求自我增值，需要从资本扩张中寻找全球化的动力机制。资本增值有两个基本途径，一个途径是寻找最大消费市场，另一个途径是通过技术创新不断提升利润率。这两个途径分别为全球化 1.0 和全球化 2.0 提供动力。

3. 资本因为要寻找最大消费市场，因此驱动形成了全球化 1.0，即工业革命以来，资本家用商品低廉价格的重炮"摧毁一切万里长城、征服野蛮人最顽强的仇外心理",从而把全球每个角落都连接起来,形成了世界市场。

4.在市场饱和之后,资本需要通过技术创新、提升利润率来达到最大化增值的目的。于是发达国家不断进行技术创新和产业升级,而把失去利润率优势的落后产业转移到落后国家,形成了"雁阵模型"和国际产业分工体系,这就是全球化2.0阶段。

5.逆全球化、保护主义思潮之所以兴起,是因为近10年来发达国家的技术创新出现停滞,发达国家与发展中国家技术差距在缩小,使得产业转移失去了驱动力,"头雁进行产业升级,后雁接受落后产业"的全球化2.0遂出现逆流。

6.疫情对全球化的冲击,可能导致经济问题政治化、意识形态化,从浅层次看,这体现在国家安全将成为产业链转移的重要考虑因素;从深层次看,这体现在疫情冲击可能会导致中西方在体制、价值观和意识形态层面的对抗,从而为经济全球化竖起政治的屏障。

7.长期动力机制和短期疫情冲击的综合分析,将得到未来全球化的四种情形。

在新冠肺炎疫情肆虐之时，逆全球化的声音开始接连出现。

《人类简史》的作者尤瓦尔·赫拉利认为人类正处在一个十字路口，要在民族主义孤立与全球团结之间作选择。他认为，人类不仅在对抗流行病上而且在经济上都需要合作，"考虑到经济和供应链的全球性，如果每个政府在完全不顾其他政府的情况下做自己的事情，结果将是混乱和危机加深。我们需要一项全球行动计划，而且要快速行动。"

但是正在发生的事情似乎与人们的期待反其道而行之。在疫情肆虐全球之时，国家间的相互指责、彼此甩锅轮番上演，逆全球化、保护主义、民粹主义等思潮在全球范围内兴起。美国和日本政府都公开呼吁本国产业链回流，日本在经济刺激计划中单独列出一项，为产业链回流本国提供资金支持。在2020年早些时候，美国取消了中国发展中国家的待遇。中美经贸摩擦，还没有落下帷幕。

这一切的一切，都为全球化的命运增加了不确定性。疫情之后，全球化将何去何从？

支持全球化的人认为全球化仍然不可逆转，流行的看法是全球化造成了各国经济相互依赖的现状，国家与国家之间你中有我、我中有你，所以逆全球化只会两败俱伤。这样一种认知，来自于大家习以为常的全球化理论，即把全球化当作生产要素在全球范围内的广泛流动和实现资源最佳配置的过程。这一常见的叙事方式，建立在几个基本的经济学原理基础上，即交换可以使双方的效用都增加，按照各国比较优势发展产业最有效率。因此，在支持全球化这一方看来，疫情作为一种短期冲击，并不会改变全球化的中长期大势。

　　虽然用交换互利、比较优势等概念来理解全球化并没有问题，但交换互利和比较优势并没有解释全球化的动力问题。在工业革命以前，人类就知道交换互利，为什么那时候没有产生全球化？在理解全球化的时候，我们经常忽视了一个常识，那就是全球化是工业革命以后的产物，是资本主义生产方式驱动的结果。实际上，我们需要换一个视角来理解和认知全球化进程，寻找驱动全球化的动力机制。如果能够找到这个动力机制，反过来看，这其实也是理解逆全球化为何发生的关键所在，也可由此理解新一代数字技术及数字经济为什么对维护全球化如此重要。

　　与此同时，疫情对全球化的影响，也呈现出越来越复杂的图景。从经济视角来看，疫情不可避免会对全球化造成剧烈扰动，但很可能难以改变经济规律的长期作用。因此也需要提防在经济海平面之上刮起政治的狂风，使得政治的逻辑在一定程度上替代经济的逻辑。这其中主要有两个方面：一个是国家安全考虑，即产业转移不再只是从经济上考虑成本—收益，而要首先考虑国家安全，比如疫情期间医疗物资短缺，可能会让发达国家把医疗物资生产纳入国家安全目录；另一个是大国关系的重新政治化和意识形态化，这可能使得这样一种观念重新流行起来，即经济全球化不可能发生在异质体制的国家之间。

因此，本章将从两个视角来理解全球化的动力机制，一个是长期视角，即从资本扩张的视角来重新理解全球化，解释资本的自我增值如何推动全球化，以及近年来为何出现全球化的停滞甚至是逆全球化；另一个是短期视角，即分析疫情对全球化的冲击和影响。综合这两种视角，可以对"后疫情时代"的全球化进行一个合理的预测。

一、全球化是"产品的扩散"和"技术的扩散"

为了给这个宏大的问题找到答案，我们可以先来看一个经典的销售故事。这是一个销售员都知道的哲理故事：某鞋厂派了两名推销员，一同飞往一个海岛开辟市场。刚一下飞机，他们就了解到所有岛民从来没有穿鞋的习惯。推销员甲心里凉了半截，立即向厂里发出电报："这里没有市场，预计他们的需求量为零！"推销员乙却惊喜万分，也立即向厂里发了电报："市场前景广阔，他们的需求量将从零开始。"结果甲回去了，而乙驻扎海岛，耐心地给岛民们灌输穿鞋比赤足要舒服的道理，最终岛民们接受了。销售员乙成功地开辟了一个全新的市场，鞋厂的产能可以提高更多，鞋厂的利润也大幅提升。

这个故事并不只是一个经典的销售案例，这其实是一个全球化的故事。这个故事其实包含了一个全球化的结果。首先，那些没有穿鞋习惯的人，接受了鞋这个新的产品，鞋这个工业品实现了"产品的扩散"；其次，鞋厂成功把海外的人口纳入了它的销售市场，客观上提高了鞋厂资本的变现能力，同时把本国的鞋厂和海外的市场紧密联系起来了。全球化的种子由此埋下，国家与国家之间从以前自给自足、各不相干的状态，到现在开始交织在一起，按照工业生产方式中"生产—流通—消费"的链条各自找到自己的位置。

在这个故事中，认识到新市场潜力的是销售员，但驱使销售员去发现新市场的是获利的冲动。这说明，开拓新市场真正的动力源泉，是资本在不断寻求增值，销售员只是一个执行者而已。鞋这个产品由于资本获利的驱动，销售到海外他乡。故事到这里，完成了第一个阶段的全球化，即产品的扩散，是资本为了最大化追求利润而寻求全球市场的过程。

但是故事到这里还未结束，全球化还要迈向第二个阶段。

随着海岛上的居民都成为了鞋的消费者，越来越多的本国造鞋厂看准了商机，开始把目光投向这片市场的处女地，希望能在新市场分一杯羹。于是乎，很多鞋厂都作为模仿者出现，使得原本没有鞋的海岛一下子多出来很多种品牌的鞋。海岛居民面对不断增加的供应，有了更多选择权，于是在价格方面的话语权也越来越大。久而久之，海岛也与本国市场一样，趋于饱和，利润率越来越低，把鞋出口到海岛基本赚不到钱。于是，本国的皮鞋制造厂老板开始另谋出路，他们当中有一部分人放弃了低端的皮鞋制造，准备在皮革研发、鞋型设计上投入更多精力，获得更多附加值，而且有人注意到，海岛居民人均收入很低，如果把造鞋厂转移到海岛生产，既可以与海外消费者贴近，同时又能够降低用工成本。于是，本国和海岛之间发生了有趣的事情，本国开始向高端价值链进行产业升级，而把低端制造业转移到海岛。

故事发展到这一步，原来由本国掌握的造鞋技术，开始转移到海岛。虽然造鞋技术在本国已经成熟，但在海岛仍然是新技术，因此，这个过程可以理解为"技术的扩散"。在这个过程中，本国开始产业升级，海岛接受低端产业，这就形成了一个全球化的产业链布局。这就是全球化的第二个阶段。

这样一个故事启发我们，全球化进展到现在，实际上是两个过程，一个过程是"产品的扩散"，每一个商品都在寻求全球市场；另一个过程是"技术的扩散"，产业在不同国家之间

数字时代，数字经济能对冲逆全球化影响吗？

进行转移，形成全球产业分工。"产品的扩散"和"技术的扩散"，这两个过程都与资本增值有着深切的内在联系。

二、资本增值的冲动是全球化的动力源

按照著名经济学家温铁军的说法，资本是人类创造的异化物。资本不是静止的财富，而是处于永远追求自我繁衍、自我增值的无止境过程中。在工业革命以前，人类社会的财富创造主要来自于土地，但是土地是自然物，财富增长面临一个"阈值"。科技和工业使得人类能够打破土地的限制，创造尽可能多的物质财富，资本为实现这一目标提供了无穷动力。

在工业生产方式中，这个过程很好理解，资本通过生产的过程，变成了商品，商品在市场流通并被消费者购买，于是又转化为资本。"生产—流通—消费"，实际上就是"资本变万物，万物变资本"的循环往复，每周转一次，资本就增值一次。在这个过程中，商品价格减去成本，再乘以商品的数量，就是资本的利润所得。这是一个人尽皆知的简单公式，而资本增值的奥秘和机制就潜藏其中。

现在，我们用 R 表示资本所得的利润，用 Q 表示商品的销量，用 P 表示商品的价格，用 C 表示商品的成本，那么任何一个大学的经济学院都会教给学生这样一个利润公式：

$$R=(P-C)\times Q$$

或者如果用 r 表示每件商品的利润率，则上面这个公式也可以写成：

R=C×Q×r

这个公式即资本增值过程的数学表达，一个非常简单的公式，而且是通用公式。现在，我们可以用这个普适的公式，来看资本增值如何驱动"产品的扩散"和"技术的扩散"。

从这个公式可以看出，资本增值主要有两种途径，一个途径是在商品价格和成本都不变的情况下，把产品的销量做到尽可能最大，这就需要拓展市场。这就是上面讲到的两个销售员来到海岛的故事。资本天然就要打破地域的限制，而把全世界都当成是消费市场，这样才能最大限度获得消费者，最大限度实现变现。这是推动全球化的一个基本动力。20 世纪 90 年代，美国企业界就流传着一个梦想：假如 8 亿中国人每天早上醒来都喝一杯可口可乐，这将会是一个多么疯狂的市场。这其实也是这样一个思路，尽最大可能获得消费市场。说得通俗一点，每一个厂家都希望自己的商品卖得越多越好。

在中美经贸摩擦中，有经济学家说，美国企业离开中国市场，就等于离开世界 500 强榜单。这也是着眼于"产品的扩散"的逻辑，即资本如果不能获得更大市场，就会失去增值的空间。

全球化中"产品的扩散"这一点很好理解，实际上就是资本要最大化寻求消费市场，我们可以把这个阶段称之为全球化

1.0 阶段。

　　从这个公式可以看出，资本增值还有另一种途径，就是在市场饱和之后，只有通过提高利润率来实现资本增值。如何来提高利润率和回报率？这就需要发挥企业家精神，不断进行创新。经济学家熊彼特首次论证了"创新"在经济发展中的作用。熊彼特提出了"创造性破坏"的概念，在这个过程中，企业家通过"创新"建立一种新的生产函数，将从来没有过的生产要素和生产条件的"新组合"引入生产体系。通过"创造性破坏"，企业家就可以在市场饱和的情况下，用创新来提高产品的生产效率、品牌价值，从而获得超额利润。总结起来说，资本增值的第二个途径，必然要依靠创新，包括技术创新、生产模式、管理方式、组织形态等方面的创新，来不断提高生产率和利润率。

　　资本永不停歇地追求自我增值，而它的增值依靠两种途径，第一种途径是要尽最大限度扩大市场，把全球作为消费市场，这直接导致了"产品的扩散"，为全球经济互联提供了最原始的动力。资本增值的第二个途径则需要依靠创新提高生产率，这就让人类自从进入工业文明以来，就彻底与田园牧歌式的农业社会告别了，进入永不满足于现状的躁动之中，要不断向未知的世界开疆拓土，不断产生各种奇思妙想并付诸实践。因为今天的创新会在明天陷入市场的饱和，要提高利润率，就必须进行新的创新创造。

同时，无止境的创新，必然意味着产业需要不断升级，这其中的一个副产品，则是产业转移在全球的兴起以及全球价值链的形成。这其实就形成了全球化 2.0 的阶段，由于发达国家不断进行技术和产业升级，从而把已经失去比较优势、不赚钱的落后产业转移到发展中国家，形成了国际分工体系。

三、资本增值的冲动，驱动世界市场和产业转移

有了上述原理，我们再来看真实发生的历史。什么是自由贸易？在最开始，自由贸易实际上是资本扩张的自由。蒸汽机在英伦小岛投入使用，但是它的眼睛盯着整个世界。第一次工业革命发生以后，那些从工厂里源源不断生产出来的商品，就已经按捺不住急迫的心情，想要突破西欧狭小的地域限制，而把全世界都纳入到它的消费市场之中。

从 18 世纪第一次工业革命到 19 世纪末第二次工业革命，这段历史总体上是老牌资本主义国家对外扩张的历史。资本把全世界改造为消费市场的过程，依靠的是剑与火，凭借的是铁与血。马克思对这段历史的总结最为精辟："不断扩大产品销路的需要，驱使资产阶级奔走于全球各地。它必须到处落户，到处创业，到处建立联系"，"它的商品的低廉价格，是它用来摧毁一切万里长城、征服野蛮人最顽强的仇外心理的重炮"。资本没有祖国，它的活动范围是全世界，它不会停止扩张的步

伐，直到把全世界纳入其增值版图。所以，19世纪的哲学家说过这样一句话："创造世界的趋势已经直接包含在资本的概念本身中"。

到了19世纪末20世纪初，随着科技的进步，铁路、航海、飞机等陆海空交通更加便捷，率先实现工业化的欧洲列强已将世界瓜分完毕，并开始为争夺世界市场的主导权而争斗。这也意味着世界各国被纳入资本主义的全球经济体系之中。由此可以看到，资本第一个增值途径驱动了全球化的初始阶段，即全球生产体系和消费市场的形成。

第二次世界大战之后，已经不再有新的未知市场了，资本增值的第二个途径，即依靠创新提高生产效率，开始发挥驱动全球化的主导作用。二战之后，欧洲主导的殖民体系崩溃，美国作为世界秩序的主导者登上历史舞台。以美国向德国和日本转移产业开始，产业转移逐步在全球范围不断传导，形成了遍布全球的产业链、供应链、价值链。

回到我们刚开始讲的卖鞋那个故事的第二阶段，随着造鞋市场饱和，本国人工成本上升，造鞋已经没有多少利润空间，于是本国聪明的企业家和投资者可以把失去比较优势的造鞋产业转移到海岛，海岛人均收入低，可以降低成本，而本国则可以向更高的产业升级。这个过程被日本经济学家小岛清总结为"边际产业转移"理论，即投资国应转让已经或正在失去比较优势的产业和技术，并将其投向东道国具有或正在形成比较优势的产业中。投资国通过转移衰落产业，可以把更多资源用于技术创新和产业升级；受资国则比较容易吸收转移的技术，从而提高受资国落后的生产力。

工业革命发生以来，全球一共发生了四次大的产业转移：第一次产业转移发生在 18 世纪中叶到 19 世纪上半叶，输出地是工业革命的策源地英国，输入地是欧洲大陆和新生的美国。第二次产业转移发生在 20 世纪 50 年代，产业输出地是美国，输入地是日本和德国。第三次国际产业转移发生在 20 世纪 60—70 年代，输出国是日本和德国，输入国或地区是亚洲"四小龙"。第四次国际产业转移发生在 20 世纪 80—90 年代，产业转移输出国或地区是美国、日本、德国、亚洲"四小龙"，输入国则是以中国为代表的发展中国家，尤其以中国为主。

产业转移从发达国家转移到发展中国家，然后再转移到更落后的发展中国家，形成了一个前后相续的"雁阵"。经济学家用"雁阵模型"来形象地描述这一产业转移过程。雁阵的特点，就是头雁带后雁，头雁在前引领，后雁呈 V 字排开。比如，电子产业首先在第二次世界大战后的美国兴起，到了 20 世纪 70 年代，世界电子产业进行了第一次重大转移，电子制造业由美国、日本转移到中国的台湾、香港和韩国、新加坡等地区和国家；进入 90 年代以后，世界电子产业面临第二次大转移，即由全球转移到中国大陆的沿海地区。

产业转移的背后，是"从 0 到 1"的创新，始终面对着"从

数字时代，数字经济能对冲逆全球化影响吗？

1 到 N"的模仿，创新一旦被竞争者模仿，创造超额利润的能力就会减弱，这使得一个新兴产业和产品具有了明显的生命周期。由此产生了产品的生命周期说：在产品生命周期的第一阶段，即技术创新时期，创新产品和技术作为新生事物，受到市场热捧，获得超额收益；第二阶段，模仿者开始陆续入场，生产竞争品，同时新技术日益成熟，优势日益弱化；第三阶段，进入标准化阶段，价格竞争激烈，为进一步降低成本，必须将生产线转移到劳动、土地等生产要素成本更低的国家或地区，以延长产品生命周期。

由于资本永远追求增值，创新成为一个无止境的过程。一个新兴产业会经历兴起、成熟和衰落三个阶段，因此向外转移落后产业和向上进行产业升级，成为必然选择。市场迟早会饱和，价格迟早会因为竞争者出现而趋于均衡，技术创新由此成为资本增值的唯一选择，而技术创新会驱动产业专业和全球化 2.0 的形成。

但是也要看到另一面，这个逻辑链条也隐藏着另一个危险，即如果技术创新停滞，那么产业转移的动力就会减弱。这也是理解今天发生逆全球化的关键。

四、技术创新与康波周期，理解逆全球化为何发生

俄罗斯经济学家康德拉季耶夫奠基性地提出了经济长波周期理论，因此经济学上的长波理论又称"康德拉季耶夫周期"

或"康波周期"。尽管对于长波周期并无明确定义，但是经济学学术界有一个共识，即重要经济变量会呈现以 40—60 年为周期的重复波动，在上升阶段这些经济变量倾向于加速增长，在下降阶段经济变量增长率趋于减速。

如何理解经济在长时段中表现出的周期性？熊彼特从技术创新角度给予的解释具有广泛的代表性。熊彼特认为，一定时期内技术创新集群出现带动投资高涨，技术潜力用尽后投资衰落，是推动经济发生长期波动的基本原因。实际上，很多经济学家统计发现，历史上三次工业革命，都是相应康波周期的上升起点。

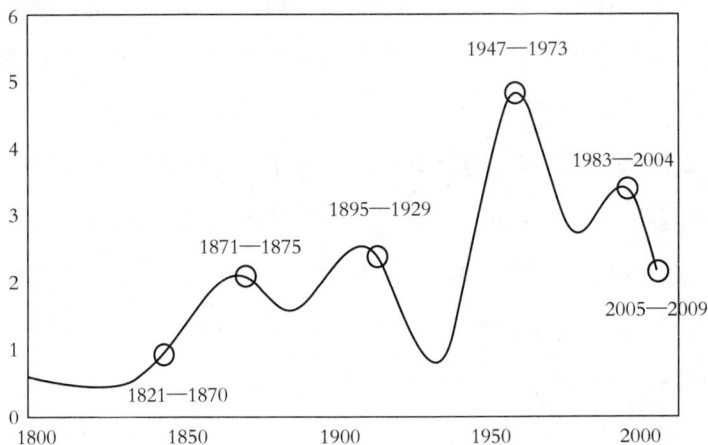

1800—2009 年的世界 GDP 增速

资料来料：引自陈达飞《创新的扩散与产业结构变迁》。

从这幅图可以明确看出，几轮康波周期上升阶段的起点，都是具有重大意义的新技术出现并带动大规模技术创新出现的时候，而下行阶段往往是本轮技术创新的红利趋于用尽的时候。比如，1894 年前后，是第二次工业革命发生的时候，电力和化学撬动了大量技术创新，催生了大批新兴产业；1946 年前后，则是美国在二战后电子制造行业的起点；1983 年前后，则是美国信息产业、计算机产业和互联网产业兴起的起点。

如果与上一节的分析结合起来，可以发现一个巨大的巧合。即每一次产业转移的时间点，与康波周期上升阶段的起点，大致重合。第二次产业转移发生在 20 世纪 50 年代，产业输出地是美国，输入地是日本和德国，这恰好是美国战后电子制造业兴起的时间段，转移的产业则是美国已经成熟的钢铁、纺织等传统产业；第四次国际产业转移发生在 20 世纪 80—90 年代，产业转移输出国或地区是美国、日本、德国、亚洲"四小龙"，输入地则主要是中国，这恰好是信息产业、计算机产业和互联网产业兴起的时间段，转移的产业则是美国和其他发达国家或地区比较成熟的电子制造、重化工业等产业。

这个巧合道出了国际产业转移的"雁阵模型"需要维持下去的必要条件。"雁阵模型"不是静态的，而是动态的，要维持这个产业的差序格局稳定运行，一个必要的前提是头雁与后雁、投资国与受资国、发达国家和发展中国家存在生产率方面的差距。尤其是作为雁阵的头雁，必须具有充足的创新动力，能够源源不断地产生新产业，才能通过创新获得超额收益，同时把落后产业转移给后雁。第二次世界大战以来，美国作为世界经济的领头羊，显然扮演着头雁的角色，在技术创新和生产率方面也一直远远领先欧洲和日本，并且每隔20—30年可以孕育新兴产业。这维持了国家产业有序转移，也推动了全球范围的"技术的扩散"，驱动形成了在全球进行合理分工的价值链、产业链。

但是进入21世纪第二个10年，驱动雁阵模型的原始动力出现了新变化。2008年国际金融危机后，美国、欧洲和日本等主要经济体都发生了较大衰退，但有一个指标比经济增速下降更值得关注，这就是发达经济体在生产率提升上表现出相似的停滞趋势。从2005年到2016年，美国的生产率年平均增长率仅为1.3%，不到1995年至2004年2.8%的年增长率的一半。

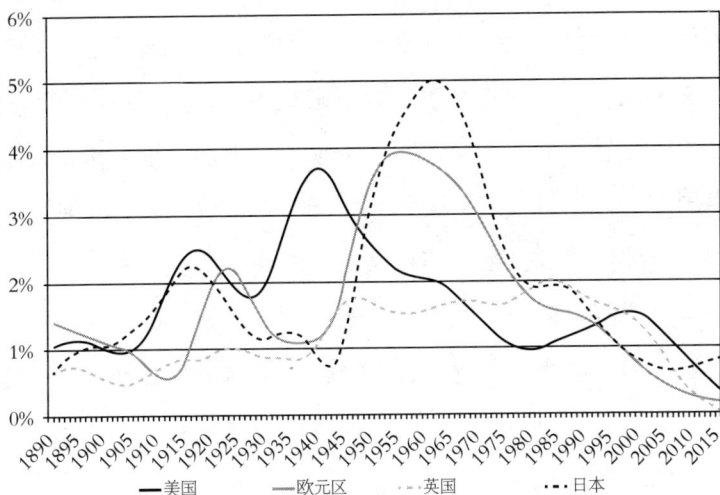

全要素生产率年均增长率

资料来料：引自智堡研究所《人工智能和生产率悖论》。

就劳动生产率增长而言，国际金融危机对欧盟的影响更为严重，但危机过后 10 年，欧盟直到 2018 年才恢复到了美国的水平。从 1995 年至 2004 年和 2005 年至 2018 年的比较可以看出，发达经济体在 2005 年及以后生产效率的提高方面要慢得多。

全要素生产率（TFP）年均增长率的水平，衡量了生产效率提升对经济增长的贡献。从上图可以明显看出，美国、欧元区、日本等主要经济体的生产率从 2005 年前后开始迅速下降。发达经济体尤其是美国作为头雁，生产率的增长开始减缓，这使得头雁产业升级并向后雁转移落后产能的动态过程失去了原始驱动力。

发达国家生产率提升速度明显下降，与此同时，以中国为代表的发展中国生产率水平不断提升，这使得发达国家与发展中国家之间的生产率差距越来越小。以前发达国家向发展中国家转移低端产业，发达国家可以实现产业升级，发展中国家可以获得投资，国际产业转移是优势互补、互利共赢的，全球价值链、生产链和供应链能够使各国分别受益。但随着发达国家自身技术进步遇到瓶颈，发展中国家又在后面奋起直追，这使得产业转移越来越有着从优势互补走向零和博弈的趋势。换句话说，现在技术创新速度趋缓，产业升级的步伐也在变慢。

从康波周期来看，现在正处于上一轮科技创新红利逐步耗尽的时期，而以大数据、云计算、人工智能、物联网、3D

打印、生物科技、空间技术等为代表的新一轮科技革命还没有催生大规模的应用和产业，目前正处于两轮科技革命青黄不接之际，上一轮科技革命强弩之末，新一轮科技革命仅见曙光。在这样一个状态下，发达国家技术创新速度趋缓，产业升级的步伐也在变慢，因此向外转移产业的意愿和能力都在降低。

这就是逆全球化发生的根本逻辑。在以前，发达国家占据产业链上游，而把劳动密集型的低端产业转移给发展中国家，这种情况下产业的转移、技术的扩散，实际上是一种差异化互补。但在下一轮科技革命将至未至之际，随着发达国家生产率增速降低，而发展中国家加快赶超，发达国家（头雁）与发展中国家（后雁）日益从差异化分工走向同质化竞争，从互利共赢、优势互补走向你得我失的零和博弈。所以，在新一轮科技革命尚未完全转化为生产力革命之际，发达国家不再有强烈的动力去推动产业转移和全球分工，而是开始重新争夺价值链、供应链和产业链。这就是今天发生的逆全球化的故事。

由此才能更深刻地理解，美国加征关税的真实目的，用白宫前首席战略顾问班农的话说，"贸易战的最终结果将重新洗牌全球的创新链、生产链、供应链，使全球重新围绕在以美国为中心的'热爱自由'的国家周围"。因为加征关税，会抵消产业转移带来的成本降低，所以关税是把产业留在国内的重要工具。同时，美国总统特朗普对苹果、通用汽车等各种企业的一个呼吁，就是要求把生产线搬回美国。逆全球化的根源在于发达国家技术创新能力的衰退，已经不能支撑二战以来形成的"头雁进行产业升级，后雁接受落后产业"的全球化模式，于是全球化的逆流随之产生。

五、数字贸易为全球化提供了新路径

大数据、云计算、物联网、5G通信、人工智能等数字化技术，不仅能够引发科技革命、产业革命，通过产业升级、提高全要素生产率来影响全球化，还能够催生新的全球贸易形式，这既包括运用数字技术对原来贸易方式的改变，也包括以数据跨境流动为核心的数字贸易。

在全球贸易中，商品和服务往往分为可贸易品和不可贸易品两种。大多数商品是可贸易的，这是因为大多数商品的生产和消费在时空上本来就可以分开，在一个国家境内生产，可以转运到另一个国家境内消费。但是服务则与之不同，服务的生产与消费往往是同时发生的，由于人难以跨境自由流动，因此像医疗、教育等很多服务是不可贸易的。然而，在数字经济语境中，现实的时空约束正在松动，服务业正向"可贸易""可分工"的方向悄然演变。

随着越来越多的人向数字世界"迁移"，原本需要线下见面互动才能提供的服务，现在可以通过线上互动的形式、用无接触的方式完成。线上互动打破了时空的限制，服务也可以插上数字的翅膀，实现跨境的流动。比如，运用 5G 低时延的特点，可以提供远程的医疗服务，一个人可以足不出户而享受世界上最优质的医疗服务；再比如，通过线上教学、线上课堂，全球各地的大学生都可以学习世界上最好大学的课程；再比如，未来随着虚拟现实和增强现实技术的成熟，"云旅游"也可以成为旅游服务的线上模式，未来人们也许只需要在线，就可以从一个线上端口畅游中国的万里长城、法国的卢浮宫、埃及的金字塔。服务业通过数字化而变得可贸易化，这将是数字经济的一个新变化，也将是数字时代全球贸易的新增长点。商务部与世界贸易组织秘书处联合发布的《2018 年世界贸易报告》预计，全球服务贸易占比将由目前的 21% 增至 2030 年的 25%。

与此同时，数字经济还将为全球贸易带来另一个新生事物，那就是数字产品与数字贸易的兴起，这为全球化的深入推进提供了崭新的路径。美国贸易代表办公室在《数字贸易关键壁垒》中提出，数字贸易包括消费品在互联网上的销售和在线服务的供应，使全球价值链成为可能的数据流、使智能制造成为可能的服务，以及无数其他的平台及其应用。数字贸易将金融电子化、管理信息化、商贸网络化融为一体，打破了时空限制，缩短了生产、物流、分配、消费之间的距离。数据作为一种全新的生产要素，在互联互通的线上世界可谓无远弗届，依托于数据流动的数字贸易，也最大程度突破了时空限制、最大程度降低了流通成本、最大程度摒弃了中间环节。

目前，数字贸易在各国总体贸易中的比重不断上升。凭借庞大的市场空间和技术优势，中国的数字贸易发展迅速。根据全球化智库（CCG）的估计，截至 2018 年底，数字贸易在中国国内已经创造了高达人民币 3.2 万亿元的经济效益，数字贸易出口大约人民币 1.6 万亿元，而到 2030 年，中国数字贸易出口价值预计将增长 207%。实际上，数字贸易是一个非常宽泛的概念，数字与实物之间的界限也日益模糊，目前全球服务贸易已有一半以上实现了数字化，而超过 12% 的跨境实物贸易通过数字化平台实现。也许，未来将不存在完全纯粹的"实物贸易"，数字化技术将渗透进贸易的各个环节，使得全球贸易的数字化程度更深。

与此同时，数据跨境流动也引发了数据安全的担忧，有的国家甚至将数据安全上升到国家安全的高度，为数字贸易竖起屏障。由此可以预判，数字贸易规则的制定，将成为未来全球化的中心议题之一。随着数字贸易席卷全球，信息跨境流动、转移和访问源代码、计算机设施的本地化、电子传输关税、个人信息保护、电子认证和电子签名等议题，将成为越来越多国家的重要贸易关切，也将在很大程度上决定未来全球化的特点。

六、疫情冲击：警惕政治逻辑取代经济逻辑

经济和政治是一对永远难分难解的双螺旋。在学界，一部分人信奉"经济决定论"，认为经济决定政治，经济基础决定上层建筑，用经济利益最大化的原则来解释政治和国家行为。另一部分人则刚好相反，认为是政治决定经济，国家追求霸权和影响力，并不仅仅是简单的经济利益。

两种观点都有其合理性，暂时抛开"经济决定政治还是政治决定经济"的争论，相信大多数人都有一个基本的共识，即经济与政治这个双螺旋是相互影响的，有时候经济决定政治更多，有时候政治决定经济更多。本章在前面的分析，主要是从资本寻求自我增值的视角来看待全球化的动力机制，可以说是一种长周期的经济决定论思维。但在疫情冲击之下，考虑到疫情造成的剧烈短期扰动，仅从经济的逻辑考虑问题可能会以偏概全，还需要从政治的逻辑来看待全球化。

黑格尔把历史解读为"寻求承认的斗争"，认为驱动历史发展的动力，不是在物质利益层面的斤斤计较，而是人们为了证明自己比其他人优越的冲动。换句话说，一个国家的行为也好，一个人的行为也好，其目标函数既包括看得见的经济利益最大化，也包括追求安全、寻求认同、实现价值等看不见的因素。只是在大多数时候，简单而言，国家行为既要考虑经济逻辑，也要考虑政治逻辑。经济逻辑很好理解，即坚持理性人假

数字时代，数字经济能对冲逆全球化影响吗？

设，主要考虑"成本—收益"，实现经济利益最大化；政治逻辑则更复杂，国家还要考虑国家安全、意识形态、价值观认同、制度竞争以及文化软实力等因素。

冷战之后，全球化浪潮迅速涤荡世界每个角落，意识形态的铁幕落下，世界各地的人们抱着开放的心态，暂时把价值观和制度的差异束之高阁，任凭经济全球化的潮水流向在政治上各不相同的国家。人们尽享全球化的红利，忘记了政治上的差异，也乐观地认为大家终会走到一起。

然而，一场突如其来的新冠肺炎疫情，很可能会改变纯经济的逻辑。一个幽灵，重新政治化的幽灵，在这个星球徘徊。

政治的逻辑回归，首先就表现在，未来发达国家考虑产业布局，不仅仅只是考虑成本因素，还会考虑国家安全。在这次疫情中，西方发达国家缺少口罩、防护服、呼吸机等医疗物资的生产条件，因此显得狼狈不堪，也在客观上导致疫情迅速蔓延。这些医疗物资的生产并无技术门槛，在一开始也被当作"低端产业"而转移到劳动力成本更便宜的发展中国家。但是疫情的教训可能会使得发达国家认识到，某些产业可能在技术上很"低端"，但是过度依赖从发展中国家进口，在紧急情况下可能会危害国家安全。也就是说，在考虑产业布局时，会把国家安全的因素加入进去。

事实上，已经有很多学者意识到这一微妙的变化。中国社科院世界经济与政治研究所所长张宇燕在最近发表的一篇文章中谈道，"带有浓重民族主义和保护主义色彩的保证'产业链安全'的呼声在其他主要经济体尤其是美国鹊起，并大有让'稳定'盖过'利润'的势头"。《溢出》的作者、外交学院世界政治研究中心主任施展谈道，"疫情让西方国家意识到，绝不能将攸关性命的公共卫生问题上的生产能力全都委托给一个无法真正信任的国家"，"一旦进入到非常状态，人们就不再从成本角度出发考虑问题了，而是从安全的角度出发来考虑问题"。显然，如果把国家安全因素带入到全球化之中，那么产业链就不只是经济问题，还是一个政治议题。安全考虑，会进一步加剧保护主义。

政治的幽灵，除了安全因素，还体现在另一个更深层的影响上。围绕疫情展开的相互指责，日益从就事论事上升到体制、价值观和意识形态层面。尤瓦尔·赫拉利撰文指出，"如果这场疫情带来的是人类之间更严重的不团结和不信任，那将是病毒的最大胜利"。可惜的是，尤瓦尔·赫拉利担心的事情，可能正在变为现实。首先是美国的一些政客，为了转移视线，试图通过"甩锅"中国的方式为自己抗疫不力开脱责任。

西方发达国家一些政客不负责任的言论，显然是缺乏事实依据的，但这些言论反映出了西方看待中国的方式的转变，即更加注重从制度、价值观和意识形态的差异性的视角来认识中国。这其中，大国政治的时代似乎正在回归，政治的逻辑有取代经济逻辑的危险。尤其值得警惕的是，民族主义和民粹主义在世界范围内兴起，西方政客不负责任的言论，在客观上助长了其国内的民族主义和民粹主义情绪。中国对世界的抗疫援助，也被污名化为"口罩外交""影响力外交"和"地缘政治外交"。郑永年由此担忧道："除非在接下来的一段时间，西方和中国的关系出现逆转，否则西方新一波更大规模的'反华'和'反中'浪潮不可避免，无论是在疫情之中还是疫情之后。"郑永年的话可能有些极端，但应该引起注意。

主导型大国之间的博弈将在很大程度上决定全球化的趋势与方向。按照纯经济的逻辑，国家应该追求国际分工带来的红利；但是如果经济问题政治化，那么国家会把价值观、意识形态、迎合民族主义和民粹主义等政治因素放在首位，这会对经济全球化造成较大的逆转作用。这就好比在冷战时，谁都知道社会主义和资本主义两大阵营如果选择求同存异、联合成为全球市场，双方就会互利共赢。但在那时，人类就是无法越过意识形态的鸿沟，去摘取经济全球化的红利。

亚里士多德曾说，人是天生的政治动物。这其实揭示出人类行为的深层驱动因素。相比于看得见的物质利益，人类在某些时候可能更受到看不见的价值观等因素影响。从 20 世纪 90 年代以来，人类曾忽视各自脑袋里面装着不同的价值观，共同推动了有史以来最为宏大的全球化浪潮。但新冠肺炎疫情似乎撕破了一张张画皮，原来一起做生意、有钱一起赚的东西方，毕竟在脑袋里面还装着不同的故事、信仰和价值观。

总之，疫情对全球化的冲击，在经济层面主要体现在人员交流、货物贸易的减少，这只是短暂冲击。更大的危险体现在政治层面，即导致经济问题政治化，助长民族主义和民粹主义的兴起，推动主导型国家用政治的逻辑而非经济的逻辑来对待全球化。从浅层次看，这体现在国家安全将成为产业链转移的重要考虑因素；从深层次看，这体现在疫情冲击可能会导致中西方在体制、价值观和意识形态层面的对抗，从而为经济全球化竖起政治的屏障。

七、全球化走向的四种情形：长期视角与短期视角的综合研判

未来的世界，全球化的命运将会如何？这需要把前面所阐述的长期动力机制与短期疫情冲击综合起来研判。

从长期动力机制来看，资本增值的第一个途径将一直发挥着推动全球化的作用，从最大化消费的角度来说，各国已经是"你中有我，我中有你"，任何一个厂商都会笑呵呵地面对全球消费者，都想要多卖产品。但是经过数百年资本的扩张、市场的拓展，全球每一个角落都已并入资本的版图。古人说，天下不足定也。但是底定之日，亦即饱和之时。资本的第一个增值途径对全球化的推动作用已经见顶。在这样的前提下，全球化的命运取决于资本的第二个增值途径，即生产率提升的速度，

也就是取决于技术进步的速度。新一轮科技革命发生的快慢，将决定全球化是继续推进，还是陷入停滞。也就是说，我们找到了长期动力机制的变量，即新一轮科技革命发生的快慢，可以分为近景和远景两种情况。

从短期疫情冲击来看，疫情冲击对全球化最大的潜在影响，是导致经济问题政治化。这主要表现在两个方面，如果经济问题政治化的程度比较浅，那就只是体现在将国家安全纳入产业链转移的重要考虑因素；如果经济问题政治化的程度比较深，那就很可能导致中西方在体制、价值观和意识形态层面的对抗，这将对全球化形成较大的逆转作用。也就是说，我们找到了短期疫情冲击的变量，即经济问题政治化的程度，可以分为浅层和深层两种可能的情况。

把长期动力机制和短期疫情冲击结合起来，我们就可以得到四种情形，如下表所示。

未来全球化的几种情形

近景		新一轮科技革命爆发的快慢	
		近景	远景
疫情导致经济问题政治化的程度	浅层	①	②
	深层	③	④

在情形①，疫情导致经济问题政治化的程度为浅层次，同时新一轮科技革命将很快发生。在这种情况下，疫情导致的逆

全球化只是短暂冲击，而新一轮科技革命引发的康波周期将马上开启，那么现在的雁阵模型就能够输入新鲜血液，发达国家继续在生产率水平上与发展中国家拉开差距，"头雁进行产业升级，后雁接受落后产业"的全球化模式仍将继续深化，现在的国际分工将继续实现优势互补、互利共赢。这与历史上发生的康波上升周期一样，同样会带动新一轮的产业转移。情形①应该是最乐观的未来，逆全球化就将只是暂时的浪花，全球化将继续深入推进，国际之间的产业转移仍将继续。

在情形②，疫情导致经济问题政治化的程度为浅层次，同时新一轮科技革命将迟迟不发生。数字技术、生物技术、空间技术、能源革命等前沿技术，始终只是停留在理论层面，或只是产生零星的创新产品，很难产生创新的集聚和大规模应用，不能像蒸汽机、电力那样全面而彻底地改变生产方式。在这种情况下，尽管疫情对全球化的冲击是暂时的，但由于发达国家技术的长期停滞，头雁和后雁的技术差距进一步缩小，同质化竞争更加强烈，零和博弈的态势越来越明显。在这种情况下，逆全球化的动能就会增加，全球化很可能会按照区域化的方式重组。发达国家和发展中国家可能会按照经济联系的紧密程度、政治体制的相似程度、文化价值的同质程度等原则，形成各自区域化的经济组合，就像中国与亚太地区一些国家签订签署的《区域全面经济伙伴关系协定》（RCEP）等。

在情形③，疫情导致经济问题政治化的程度为深层次，同时新一轮科技革命将很快发生。在这种情况下，疫情会导致一些大国之间因制度、价值观和意识形态层面的不同而出现的对立，驱使对立面的国家在一定程度上脱钩，形成了全球化的巨大逆转。但由于新一轮科技革命发生，又将开启新一轮国家产业转移和雁阵模式，将推进全球化进一步深化。在这两种作用力下，人类世界将可能产生两个平行的世界体系，即两种异质的全球化动力源，两种动力源主导的全球化同时进行，形成了"一个世界，两种全球化"的平行格局。

在情形④，疫情导致经济问题政治化的程度为深层次，同时新一轮科技革命将迟迟不发生。在这种情况下，长期动力机制与短期疫情冲击都将指向逆全球化。从长期动力机制来看，由于新一轮科技革命遥遥无期，技术停滞长期存在，使得全球化失去经济动力；从短期疫情冲击来看，经济问题政治化程度加深，将引发中西方在制度、价值观和意识形态上的对立。这种情形是最悲观的未来，全球化形成的多边国际体系将被冲垮，世界各国以邻为壑。

从目前的种种迹象来看，很难判断哪种情形在未来出现的概率更大。未来就像薛定谔的猫，在盒子未打开之前，谁也不知道猫的真实状态。全球化的未来同样扑朔迷离。但通过长期动力机制和短期疫情冲击的综合研判，我们至少知道，疫情导致经济问题政治化的程度和新一轮科技革命爆发的快慢，两种因素叠加将共同塑造全球化的未来。

第二章

数字时代，
中国经济靠什么转向
高质量发展？

在经历了几十年的高速增长、人均 GDP 站上 1 万美元台阶之后，中国经济下半场靠什么？在后发优势逐步触顶之后，中国经济的下半场将主要依靠科技创新和超大规模国内市场，这都与新一代数字技术引领的科技革命息息相关。

知 识 要 点

1."克鲁格曼质疑"，揭示了经济增长的奥秘：依靠资本和劳动力等要素投入，最终会遇到边际效应递减的天花板。唯有技术进步才是经济长期可持续增长的唯一源泉。

2.克鲁格曼形象地把要素投入称之为"依靠汗水"，把技术进步喻之为"依靠灵感"。如何从初期"依靠汗水"转变为"依靠灵感"的可持续增长，这是一个国家长期发展必须回答的问题。

3.理解中国经济的下半场，还需要克服一种"思维陷阱"，即不能天真地运用过去预测未来。这是因为，发展本身已经改变了发展的初始条件，中国经济下半场面临着与上半场不同的初始条件，必须用一种崭新的而不是惯性的认知方法。

4. 中国经济下半场的初始条件变化可以归结为三个方面：一是全要素生产率下降，表明技术模仿难以为继；二是投资效率下降，为了保持相同回报需要追加的投资成倍增加；三是刘易斯拐点到来，表明劳动力供给数量开始下降。

5. 根据初始条件的变化，可以推断中国经济的下半场，将依靠两个新的驱动力，一是从依靠别人的灵感转变为激发自己的灵感，即从技术模仿走向自主创新；二是从依靠外贸和投资转变为挖掘 14 亿人构成的超大规模市场的巨大潜力。

疫情冲击之下，全世界都在关注全球第二大经济体。

新冠肺炎疫情不可避免会对经济社会造成较大冲击，但即便是最为悲观的人，也不会认为这一外部冲击能击溃中国经济。国际货币基金组织总裁奥尔基耶娃表示，"最有可能的情况是'Ｖ'型增长"。这一看法应该能代表国内外的最大公约数，在短暂冲击之后，中国经济终将回归自身的节奏。但疫情带来的担忧，其实反映了更深层、更长远的关注：在人均 GDP 达到 1 万美元之后，中国能否成功迈向高收入阶段？

毫无疑问，中国在改革开放 40 多年时间里，创造了人类历史上从未有过的快速增长奇迹，也产生了诸如人口红利、市场改革、比较优势、享受全球化红利等经济理论，来解释中国经济增长的深层原因。但与增长同样令人困惑的是如何稳住当前的下行势头。从 2009 年至今，中国经济逐季下行，到 2019 年最后一个季度，在中国经济学界引发了是否保"6"的广泛讨论。中国经济赢得了高速增长的上半场，但是如何继续赢得下半场？未来可持续增长的动力在哪里？

这个答案关系到每一个在中国市场求生存、求发展的个人或企业。诺贝尔经济学奖获得者克鲁格曼在《亚洲奇迹的神话》一文中，把东亚各国经济的成功归结为增加要素投入，包括增加投资和劳动力供给，而不注重提高生产率水平，但增加要素投入将不可避免地遇到瓶颈，唯有生产率提升才能支撑经济长期增长。克鲁格曼把增加要素投入形象地称为"依靠汗水"，把提高生产率水平形象地称为"依靠灵感"。这就形成了对经济发展的"克鲁格曼质疑"：依靠汗水只能赢得一时风光，"无非就是延期享受、愿意为了在未来获得收入而牺牲眼前的享乐"，唯有依靠灵感，才能获得可持续的发展。是"依靠汗水"还是"依靠灵感"？中国经济如何回应"克鲁格曼质疑"？

从过去看向未来，还要有一个认知方式的升维。这是因为，"用过去的趋势来天真地预测未来是多么危险"。看待未来的中国经济需要克服人类思维方式的这一弱点。"刻舟不可以求遗剑，一途不可以应万方"。高速发展本身已经改变了促成高速发展的初始条件，未来的初始条件相较于过去已经悄然发生变化，那些在过去取得成功的因素如果不加改变，在未来可能恰恰是失败的根源。因此，我们需要知道经济增长动力源泉是什么，同时识别过去的高速发展使得经济增长动力发生了哪些变化，才能找到通往未来的路。

一、增长动力：来自供给和需求两侧

理解经济增长的动力是什么，并解释为什么有的国家富裕，有的国家贫穷，这是经济学领域最引人入胜的课题之一。这就是经济学界著名的"卢卡斯之问"："人类社会经济发展的秘密和机制到底是什么？""一旦一个人开始思考这些问题，他就很难再去思考其他任何问题了。"可见，探究经济增长之谜如何让世界知识精英为之倾倒。

总体而言，把各学派的观点综合起来可以发现，经济增长动力或者来自于供给侧，或者来自于需求侧。把供给侧和需求侧结合起来，可以用一句话来概括，即生产出来的商品和提供的服务被消费了。所谓经济增长，实际上就是一个经济体能够生产更多的商品和提供更好的服务并且被消费了。这句话其实包含了两个必要条件，一个是一个经济体需要不断提高生产能力，能生产更多的产品和提供更好的服务，这是供给侧的动力；另一个是扩大的产能需要被消费掉，无论是国内消费还是出口，这是需求侧的动力，因为能被消费才能价值变现、才是有效消费，否则无法市场出清、属于产能过剩。

从总供给的角度和长期的角度来看，经济增长的根本动力是生产能力的扩张，也就是总供给的增长。经济学家索洛为此作出了开创性的贡献，在索洛的增长模型中，经济增长的动力在于资本的积累、劳动力的增加和生产效率的提高。这个其实很好理解，大家可以想象现在有一家工厂，一开始有一条生产线，10个工人，这里面生产线代表资本的积累，工人代表劳动力，工人的技能熟练程度、生产线的自动化水平则共同构成了生产效率。假设这个工厂可以扩展两条生产线，并多招10个工人，那么很显然，它的产出将会是以前产出的4倍。如果把这个工厂扩展为一个经济体，通过增加资本积累、增加劳动力投入，就可以增加一个经济体的经济产出。

如果用K表示资本，用L表示劳动力，那么资本和劳动力在一定程度上可以勾画一个经济体最大的潜在产出，即生产可能性边界，如下图所示：

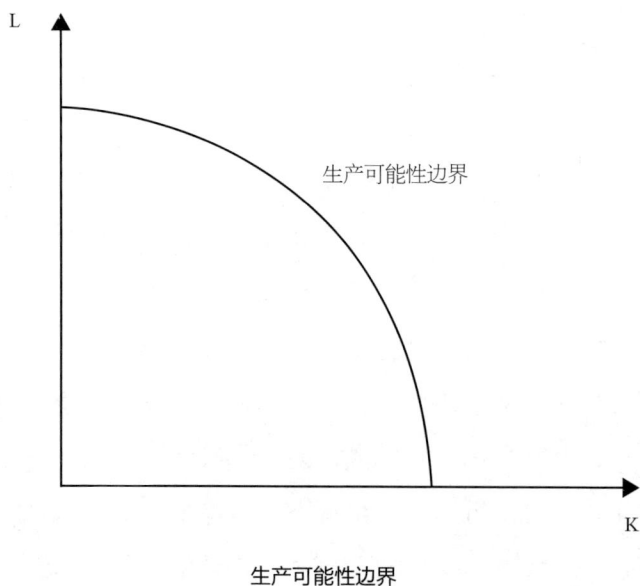

生产可能性边界

从供给角度来理解经济增长动力，经济学家建立了很多种模型，但是广受认可的是柯布—道格拉斯生产函数。柯布—道格拉斯生产函数以最简洁的形式把资本的积累、劳动力的增加和生产效率的提高这三个因素包含其中。假设用 Y 表示一个经济体的产出，K 表示资本存量，L 表示劳动力数量，A 表示技术水平。那么，从最简单的方式来理解，产出 Y 的增长率，等于资本存量 K 的增长率、劳动率 L 的增长率以及技术水平 A 的增长率的某种加权之和。这样，我们就找到了一个从供给角度理解经济增长的图景。简单而言，看一个经济体能有多大产出，我们就看它有多少生产线、厂房、机器设备，这些都可以算作资本；看它有多少适龄的劳动力，包括质量和数量；以及看它目前的技术水平如何。现代生产无非是劳动力运用一定技术在机器上进行生产，可以说，生产线上的工人这一幅简单的画面，已经把资本、劳动力、技术水平这三个要素包含其中了。

　　更进一步看，资本、劳动力、技术水平这三个因素的性质不尽相同。资本扩张、劳动力数量增加，这两个因素不可能维持长期的增长。一个经济体的劳动力数量总会有一个阈值，剩余劳动力从农业部门转移到工业部门，也有一个限度，一旦触及这个限度，劳动力数量增加对经济增长的贡献就处于水平状态了。资本的扩张同样如此，在技术水平不变的前提下，资本也不可能无限扩张，因为投资的边际效应递减，加上资本折旧，最终也会使得资本扩张对经济增长的贡献处于水平状态。增加资本投入和劳动力供给，这属于克鲁格曼所说的"依靠汗水"。注意资本和劳动力增长会趋于水平，我们接下来会由此解开中国高速增长的密码，也将看见有哪些因素在悄然变化。

那么从供给侧来说，经济增长的可持续动力来自哪里？只能来自不断地创新。熊彼特提出了著名的"创造性破坏"理论，他认为"创新是资本主义的永动机"。通过组织方式、管理模式、技术组合等创新，可以持续提高效率、增加产出。一般来说，提高效率往往集中在两个主要方面：一个方面是诺贝尔经济学奖获得者罗默开创的，通过不断进行技术创新和知识积累，让知识作为生产要素发挥作用，从而产生可持续的内生性增长；另一个方面则是诺贝尔经济学奖获得者卢卡斯提出的，即人力资本质量提升也能带来效率提升，生产线上的工人通过"干中学"不断提升熟练程度，同样能够提高产出。这两个方面都很好理解，还是借用上文的思想实验，假设这个工厂通过工艺改造，使得生产线的生产水平比以前高出 50%，那么看上去人还是那些人、生产线还是那个生产线，但是以前单位时间只能生产 10 件商品，现在能生产 15 件，显然产出就会增加。同样，假设生产线没有变化，但是工人通过"干中学"，沉淀了越来越多的经验和知识，与机器的配合也更默契，这也会增加产出。

回到生产可能性边界的图，一个经济体在资本（K）和劳动力数量（L）不变的情况下，由于技术进步推动生产效率提升，可以显著提高一个经济体的最大潜在产出，即在上面那幅生产可能性边界图中，把生产可能性边界往外拉，表示一个经济体最大的潜在产出在扩大。

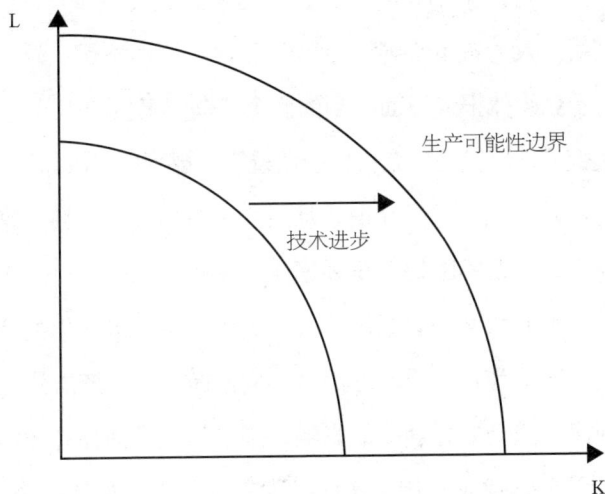

生产可能性边界的扩张

罗默和卢卡斯开辟的路径，就是著名的内生增长动力。唯有依靠内生增长动力，一个经济体才能够实现"与天不老，与时偕行"的可持续增长。技术的改进，管理的创新，新的商业模式的开拓，人力资本的提升，这些都是"看不见"的因素，是长期可持续增长的法宝。但如何来统计这些"看不见"的因素？经济学家和统计学家也采用了一个很有效的方法。技术创新发生后，"人还是那些人、生产线还是那个生产线"，但是产出却增加了，这个增加是无形因素在发挥作用。我们在产出增加中，把有形因素的贡献减掉，不就可以得到无形因素的贡献了吗？这也是经济学中通用的计算方法，用产出的增长率，减去资本和劳动力的增长率，多出来的部分，就衡量了技术改进等无形因素对产出增长的贡献。多出来的增长率部分，衡量了技术创新、人力资本改善等无形因素的"魔术之手"，这就是我们经常看到媒体报道里面提到的概念"全要素生产率"。创新的"魔术之手"，也就是"克鲁格曼质疑"中提到的"依靠灵感"。

这样，我们就可以知道，从长期来看，经济可持续增长的唯一动力，是要不断提高全要素生产率水平。

从需求的角度来看经济增长动力的理论，以凯恩斯为其代表。凯恩斯认为，由于边际消费倾向递减规律、资本边际效益递减规律和流动偏好规律的影响，经济体经常面临有效需求不足、小于充分就业的状态，而扩大有效需求，包括投资需求、消费需求等可以促进宏观经济稳定。这个道理其实很容易理解，如果需求不足，那么一个经济体生产出来的产品和提供的服务就无法价值变现，就变成了生产过剩，就直接从工厂进入了库存。经济增长首先要考虑能生产多少，还要考虑能消费多少。一般而言，总需求可以用四个部分来衡量，即消费、政府购买、投资和净出口，政府的钱是从纳税人那里收上来的，因此政府购买实际上也是消费的一部分，投资需求则是从产出中拿出一部分投入再生产，是生产所需要的消费，而净出口则衡量了海外对本国生产的需求。如果用 Y 表示总产出，C 表示消费，G 表示政府购买，I 表示投资，EX 表示净出口，那么一个经济体的总产出可以表示为：

$$Y=C+G+I+EX$$

这也是国际通用的核算一国经济总量（GDP）的公式，通过在需求端统计消费、政府购买、投资和净出口，四者相加就可以得到经济总量。我们通常所说的经济增长三驾马车，是从需求端来促进经济增长，指的是消费、投资和净出口，从这个公式中很容易看出来，三者无论谁增加，都可以促进总产出增加，从而拉动经济增长。所谓积极的财政政策，即增加政府购买，这实际上在促进消费，所以能够拉动经济增长。

经济学界有一个共识，即经济增长，短期看需求，长期看供给。接下来我们会由此发现中国经济增长条件的潜在变化。

二、中国经济增长之谜：自己的汗水和技术扩张的灵感

中国持续 40 多年的快速增长为世人所瞩目。可以通过几个很有意思的视角来看中国经济的发展。一个是看人们生活水平的改善。有人估算，发达国家历史上经济增长最快的时期，一个人终其一生实现的生活水平改善，英国只有 56%，美国大约为 1 倍，日本为 10 倍；而中国在 30 多年的时间内，就

让超过 10 亿人的生活水平增长了 16 倍。另一个有趣的视角，是人均 GDP 从 1300 美元涨到 2600 美元的时间，从英国工业革命开始，英国花费了逾 150 年的时间才使得人均 GDP 翻了一番，120 年后的美国，实现同样倍增所花费的时间为 53 年，而中国只用了 12 年时间。正如美国哥伦比亚大学经济学教授杰弗里·萨克斯所说，"在经济领域，中国是一个巨大的成功故事"。

但是我们不能停留于宏观的统计数据，而要从供给和需求两侧来看增长动力，探究数据背后的机理，这样才能对未来产生洞察力。由于需求侧的分析相对简单，我们先来看需求侧的贡献，也就是人们常说的三驾马车。先来看消费。社会消费品零售总额，由 1978 年的 1559 亿元增加到 2017 年的超过 36 万亿元，年均增长 15%，逐步形成了多样化、多层次的消费市场。改革开放初期，年轻人的梦想只是拥有"三转一响"——收音机、自行车、缝纫机及手表；那时，日本东京的大型商店商品多达 50 万种，而北京的王府井百货大楼仅有 2.2 万种。与那时候相比，现在真可谓消费的极大繁荣。

再来看投资。1981—2017 年全社会投资累计完成 490 万亿元，年均增长 20.2%。2017 年，全国固定资产投资中施工项目建设规模达 132 万亿元，而 1980 年仅为 4822 亿元。我们可以感受一下投资增加了多少倍。从资本形成率上看，1978 年资本形成率为 38.9%，2003 年投资开启近十年的平稳快速增长，

2011年资本形成率达到48%，为改革开放以来的峰值。所谓资本形成率又称投资率，指资本形成总额占国内生产总值的比重。当然过高的投资率，也造成了三驾马车之间的失衡，在2011年之前，由于投资在总产出中占的比重过高，使得社会消费不足，国内巨大的产能只能通过出口来消化，这使得中国在此之前高度依赖出口来满足巨大的产能。

最后来看进出口贸易。1978—2017年，按美元计价，我国进出口总额从206亿美元提高到4.1万亿美元，增长198倍，年均增速达14.5%。其中，出口总额从97.5亿美元提高到2.3万亿美元，增长231倍，年均增速为15%。从2001—2019年的19年间，中国贸易顺差累计4.65万亿美元。2009年起，我国连续9年保持货物贸易第一大出口国和第二大进口国地位。2013年起，我国超越美国成为全球货物贸易第一大国，并连续三年保持这一地位。现在，中国已经是120多个国家和地区的最大贸易伙伴。出口贸易的发展，使得中国在2011年之前，经济对外依存度不断上升，外贸依存度一度超过60%。今天，中国经济对外依存度在下降，但出口仍然是经济发展的重要动力源泉。

从需求侧的分析可以看出，消费、投资和出口这三驾马车协同发力，都产生了巨大的拉动力。接下来我们回到供给侧，来看看我们如何像变魔术一样，能够从中国大地呼唤出如此丰富多彩的产品和服务。先来看资本。改革开放初期，中国是一个资本稀缺的国家，生产设备极其匮乏。1978年，时任副总理的谷牧带队赴西欧五国考察，看到瑞士发电厂已经在用计算机管理，而在中国西南一家大型炼钢厂，一台140年前的英国机器居然还在使用。这个细节可以看出当时在生产设备和技术上的落后。后来中国在经济发展过程中，始终保持非常高的储蓄率和资本形成率，这个上面已有交代。与此同时，中国开始大量吸收外资，每年吸引的外商直接投资（FDI）连创新高，外商投资也推动中国的资本存量不断丰富。到今天，中国是全世界唯一拥有联合国产业分类全部工业门类的国家，可见中国资本存量之丰富。

我们再来看劳动力的情况。除了劳动力数量的增加，劳动力从农村向城市、从农业向工业的转移，也是推动中国经济产出增加的重要因素。诺贝尔经济学奖获得者阿瑟·刘易斯提出的"二元经济结构理论"对此有着很强的解释力，如果一个国家存在农业部门与工业部门并存的"二元经济结构"，当农业部门的剩余劳动力人口规模非常巨大，对于工业部门甚至形成一种"劳动力无限供给"的情况，那么农业部门剩余劳动力进入工业部门就会领取更低的工资，那就更适合发展劳动密集型产业，迅速提升发展中国家的工业发展水平。这正是中国发生的故事，在过去40多年间，有2.45亿流动人口从农业部门转移到工业部门，这个规模相当于俄罗斯和德国人口的总和，这为中国的工业发展提供了廉价的"无限劳动供给"，也为经济增长作出了巨大贡献。

最后来看技术创新的贡献，也就是全要素生产率的情况。这也是理解过去中国经济增长最大的悖论所在。很多人会想当然地认为，中国过去几十年的高速增长主要是依靠投资驱动，依靠大量廉价劳动力从农村转移到城市、从农业转移到工业，用克鲁格曼的话说，就是依靠汗水，而不是依靠灵感。但是实际的数据，并不支撑这一"想当然"的结论。很多经济学家通过实证数据发现，全要素生产率增长对 GDP 增长平均贡献度达到39.4%，对中国高速增长总体发挥了非常重要的支撑作用，甚至有经济学家测算，全要素生产率对中国经济高速增长的贡献，超过了投资的贡献。现任央行行长易纲曾撰写论文指出，中国在过去几十年的全要素生产率还存在被低估的问题，制度变迁、人力资本提升等要素还没有完全计算进去。总之，在过去几十年的高速经济增长中，从需求侧看，三驾马车动力十足；从供给侧看，资本积累、劳动力供给都大幅扩张，就连人们普遍不看好的全要素生产率，也在大幅提升，并发挥着主要的支撑作用。

如果全要素生产率真的非常高，那么过去的中国经济发展已经回答了"克鲁格曼之问"，既依靠汗水，也依靠灵感，就不存在下半场的问题。那么，问题的症结在哪里？

这其中的关键，就在于依靠灵感主要得益于全球化背景下"创新的扩散"。换句话说，技术进步有两种实现方式，自己投资进行研究和开发，或者向其他国家学习模仿。开发尖端新技术的投入很大而失败的概率很高；相对而言，模仿和购买技术所需的成本就要低得多。在过去几十年间，中国与发达国家存在明显的技术差距，因此在选择技术进步的实现方式上具有后发优势，可以采用模仿、购买等方式来实现技术进步。这正是全要素生产率保持高速增长的关键所在。中国前几十年的技术进步，得益于发达国家的技术扩散效应，通过技术引进和模仿，使得我们的落后技术水平能够实现"蛙跳"。就像前面举过的例子，把瑞士的计算机管理系统引进，替代 140 年前的英国机器，就能迅速实现技术水平的跃迁。

很多经济学家通过实证研究和计量分析发现，外国直接投资的流入具有外部效应，这是全要素生产率变动的主要原因之一。它引起产业结构变化、人力资本变化和制度变迁，使得中国全要素生产率提高。

因此可以说，过去几十年中国经济的增长很大程度上是依靠自己的汗水和技术扩张的灵感。但这也带来了一个问题：技术外溢效应是否永远有效？别人的灵感是否永远靠得住？这个问题里面，隐藏着中国经济最重要的变化。

三、从过去到未来，哪些条件悄然发生了变化？

凯恩斯说过一句颇具哲理的话：应该发生的事情从来没有

发生。为什么？这是因为我们总是根据过去的经验来预测未来。某种意义上，过去的经验有利于更好把握未来，但简单把过去的经验照搬到未来，则可能适得其反。这其中最为吊诡之处在于，过去的发展悄然改变了某些重要的前提条件，使得未来与过去不再完全相同。我们需要去识别哪些因素发生了变化，并思考这对于未来意味着什么，而不是简单把过去的做法延伸到未来，这对于理解中国经济的未来至关重要。

中国经济几十年的高速发展，使得哪些条件发生了悄然的变化？从供给侧来看，最为显著而又最为人所忽视的变化，是近年来中国全要素生产率增速下降，对经济增长的贡献降低。这说明中国经济已经很难再像过去那样借用发达国家的技术而实现"蛙跳"。经济学家林毅夫等人研究发现，技术模仿是技术进步的重要途径，但技术模仿对技术进步的效率受技术差距的影响，技术差距较大时，技术模仿对技术进步效率更高。这说明，技术的扩散要发挥作用，一个重要的前提是存在较大的技术差距，现在这个前提正在减弱。随着发达国家技术创新的减速和中国的快速赶超，中国与发达国家的技术差距正在迅速缩小。而在 5G、人工智能等领域，中国甚至已经走在世界前列，以至于华为的创始人任正非感叹"华为正在本行业逐步攻入'无人区'"。

同时，随着发达国家技术创新减速，保护主义也日益兴起，使得技术模仿越来越难，尤其是"卡脖子"的核心技术。

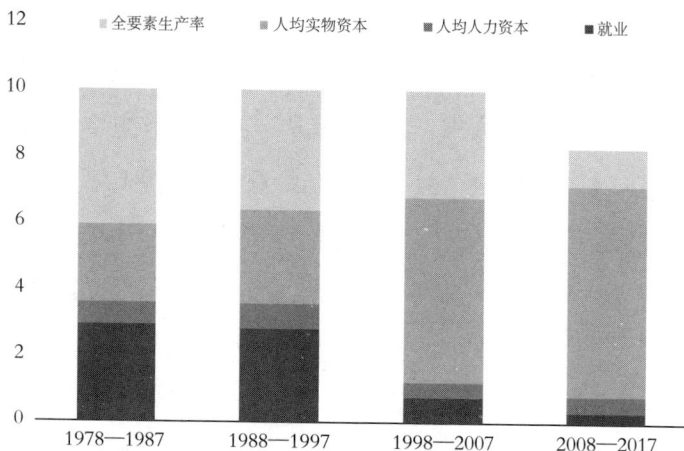

中国的全要素生产率

资料来源：Innovative China: New Drivers of Growth, World Bank（2019），引自智堡研究所《中国可以借鉴向高收入转型的经验》

技术模仿和引进速度高、见效快，但是自主创新由于面对着先行者的不确定性，因此风险高、见效慢。反映在宏观层面，就是全要素生产率增速会下降，全要素生产率对经济增长的支撑作用会降低。这一点已经被很多研究所证明。有研究表明，从2008年国际金融危机以来，全要素生产率对中国经济增长的贡献率明显下降。中国的全要素生产率的增速从2008年之前30年的3.5%下降到此后10年的1.5%。从对经济增长的贡献来看，全要素生产率的贡献从2005年以后则呈明显的下降趋势。

全要素生产率降低的另一个表现，则是投资效率的不断下降。根据测算，从"十一五"到"十二五"期间中国投资效率已经有所下降。2005年，每新增一个单位GDP，需要增加投资2.4元；2009年，新增资本产出比进一步攀升至3.6，到了2014年新增资本产出比已经达到4.3的较高水平。也就是说，为了获得同样的经济增长，需要追加的投资额是2005年的近两倍，这就使得依靠投资来拉动增长，作用已经减半。

这些都表明了一个现实，不能用他人的今天装扮自己的明天，借用他人的灵感总有尽头。事实上，全要素生产率近年来的下滑，已经足以说明技术模仿的效用在减弱，依靠技术模仿已经难以支撑长期可持续发展。

从供给侧来看，另一个变化则是劳动力供给出现了"刘易斯拐点"。所谓"刘易斯拐点"，即一个国家由劳动力过剩到短缺的转折点。2010年之后，我国的劳动年龄人口出现负增长，这使得"二元经济部门"的结构失去了增长动力，已经不能再有大规模的剩余劳动力从农村转移到城市、从农业转移到工业。举手可得的"人口红利"不再像以前那样，为早期的经济起飞提供无限的劳动供给。未来，随着老龄化社会渐行渐近，人口结构还将发生巨大的变化。劳动力供给的变化，也将改变中国经济传统的增长动力源泉。

从需求侧来看，最为突出的变化体现在投资和净出口贡献的相对降低，以及消费的异军突起。随着消费市场持续较快增长，国内消费对经济增长的拉动作用持续增强，成为经济增长的第一驱动力。最终消费支出对国内生产总值增长的贡献率由 1978 年的 38.3% 提升至 2017 年的 58.8%，40 年间提升 20.5 个百分点，成为国民经济增长的主要动力；资本形成总额对国内生产总值增长的贡献率由 1978 年的 67.0% 回落至 2017 年的 32.1%，回落 34.9 个百分点。消费成为保持经济平稳运行的"稳定器"和"压舱石"。

在改革开放早期，我国经济对外依存度不断上升，外贸依存度一度超过 60%，但是随着国家坚持扩大内需尤其是把扩大消费作为主要着力点，我国经济对外依存度已经显著降低。有学者测算，到 2018 年，出口依存度已经下降到约 18.1%，出口对经济的拉动作用已经难以与消费同日而语。

总之，供给侧的重大变化可以归纳为三点，一是全要素生产率下降，表明技术模仿难以为继；二是投资效率下降，为了保持相同回报需要追加的投资成倍增加；三是"刘易斯拐点"到来，表明劳动力供给数量开始下降。而需求侧的变化，最突出的体现是三驾马车的作用在重新分配，内需和消费作为需求侧的主要动力，已经取代投资确立了其拉动增长的主导地位。

四、迈向高收入国家，靠自主科技创新，靠面向 14 亿人市场的消费创新

现在，中国经济正处在一个十字路口，站上了人均 GDP1 万美元的关口。这个关口非常重要，从世界经济史角度来看，

一个国家在人均 GDP 达到 1 万美元之后开始出现分化，有的国家由此继续发展，成为高收入国家，有的国家则陷入了长期的停滞，比如墨西哥、巴西、马来西亚等国家，人均 GDP 常年徘徊在 1 万美元上下。在这样一个关键时刻，增长路径的选择尤为重要，它决定了中国经济最终能否走上高收入国家的上扬曲线。

由此更能理解回答"克鲁格曼质疑"的意义。克鲁格曼在《亚洲奇迹的神话》中提到：仅仅增加投入，而不提高使用这些投入的效率——即投资于更多的机器设备和基础设施——一定会遇到报酬递减的问题；靠投入驱动的增长注定是有限的。日本没有实现对美国的超越，而且在高速增长之后陷入了长期的停滞，很大程度上原因就在于此。

中国经济经过了 40 多年的高速增长，随着传统动力源泉的减弱，也开始进入到了下半场的角逐之中。而随着发展本身改变了发展的初始条件，未来与过去的增长路径选择将大为不同，这是政策制定者、市场主体、创业者都需要面对的新情况。

从供给侧来看，迈向高收入，需要从借用别人的灵感转向激发自己的灵感，从技术的模仿和引进更多转向自主创新。经济增长理论的集大成者、诺贝尔经济学奖得主库兹涅茨曾提出一个重大命题："作为现代经济增长特征的人均产值的高增长率，究竟是起源于人均生产要素（劳动与资本）投入的高增长率，还是起源于生产率的高增长率呢？"库兹涅茨对主要工业化国家的对比研究发现，工业化国家的早期经济增长主要依赖于资本、资源、劳动、人力等生产要素的投入，而在现代经济增长中，投入的贡献只占有限的一小部分，绝大部分应归因于生产率的高增长率。长远来看，技术进步是经济持续增长的唯一源泉。诺贝尔经济学奖得主萨缪尔森发现，在 1900—1984 年美国每年人均 2.2% 的增长率中，只有 0.5% 是由资本深化带来，而 1.7% 来源于效率提高。

中国的经济体量到了现在这个块头，科技创新完全依赖国外是不可持续的。近些年来全要素生产率持续下降就是明证。由于中国的超大规模，无论是资本积累还是劳动力供给，要素上的投入都可以达到"超大规模"，再加上发达国家的技术扩散效应，使得资本、劳动力、全要素生产率都发挥着推动经济增长的动力作用。现在，依靠要素投入已经遇到瓶颈，依靠技术模仿也很难提升全要素生产率，未来可持续的增长路径，只有依靠激发自己的灵感，依靠自主创新提高全要素生产率。

从国家的角度来说，需要通过改革营造更加保护知识产权、更加公平、更加法治化、更加鼓励创新和试错的制度环境，使得各种奇思妙想都能找到试验场。从企业和创业者的角度而言，创新是在未来中国经济增长中赢得竞争的关键。在过去快速增长的环境下，企业依靠模仿也能开拓市场、找到增量人群。随着经济增速下行，资源将越来越向头部企业集中。或者是技术创新，或者是管理创新，或者是盈利模式创新，或者是任何现在还无法预测的创新，唯有依靠创新才能获得超额利润，这将是未来的生存法则。

由此才能理解，为什么科技创新尤其是新一代数字化技术的应用，对于中国经济下半场如此重要。中国信息通信研究院发布的《中国数字经济发展白皮书（2020年）》显示，2019年我国数字经济增加值规模达到35.8万亿元，占GDP比重达到36.2%。同时，数据价值化加速推进，数字技术与实体经济加快融合，产业数字化与数字产业化的双螺旋相互加强，新业态新产业新模式不断涌现。新一代数字化技术的应用，不仅能带来技术进步、生产效率提升，而且会改变已有的游戏规则，把追赶式的"弯道超车"变成换一个赛道的"换道超车"，在数据维度上建立中国经济的新优势。

从供给侧来看，未来还需要进一步挖掘人力资本质量。随着"刘易斯拐点"到来，老龄化社会渐行渐近，劳动力供给已经触及天花板。在数量不能增加的时候，还可以在存量的基础上来挖掘质量，提升人力资本质量，把"人口红利"变成"人才红利"。在过去几十年经济增长中，人力资本质量提升，也是一个令人瞩目的现象。2017年，全国研发人员总量达到621.4万人，是1991年的6倍。我国研发人员总量在2013年超过美国，已连续5年稳居世界第一位。未来，从国家的角度而言，在5G通讯、人工智能、生物科技、空间技术、能源技术等战略性领域应该继续提供高质量人才供给。从个人角度而言，保持终身学习将是最重要的学习能力，要准备在新环境中时刻"重新发明自己"。

从需求侧来看，最大的利好是要用好由 14 亿人构成的超大规模市场。14 亿人追求美好生活的烟火气，是这个星球上最具活力的所在。市场不只是人口的总和，市场不仅需要人口，还需要有购买力。如果人口多而没有购买力，那就不是有效需求。经过几十年快速发展，中国成功让 14 亿人都不同程度地富裕起来，形成了全球最大规模的单一市场。这才让很多经济学家在美国加征关税之时有自信断言：退出中国市场，等于退出全球财富 500 强的地图。

从宏观意义上来说，巨大的消费市场可以为技术升级创造得天独厚的条件，因为任何创新都需要在前期投入巨大成本，而创新产品一旦在超大规模市场获得认可，就能通过巨大的销售收益弥补成本。从企业和创业者来说，大消费在未来的中国将是重大市场机会，To C 的商业模式创新在中国仍会大放异彩。在美国发起制约之际，舆论上有一些对于商业模式创新的批评之声，认为中国创业者过于热衷商业模式创新而疏于核心技术研发。其实，商业模式创新并不妨碍核心技术研发，只是投资和创业各有分工。通过商业模式创新满足人们对美好生活的向往，也是打开中国超大规模消费市场红利的方式。

同时，还要看到中国消费市场的总体偏好也在发生变化。过去几十年的快速发展，已经很大程度上改变了社会心态，让年轻一代增强了对国家的自信，这使得他们更加认同国货，正是由于他们的推动，在 2019 年形成了蔚为壮观的"国货潮""国产品牌崛起"等经济文化现象。同时，现在 3 亿人组成的"新中产"，不再满足于一个普适性的大品牌，他们更加喜欢与自己个性贴合、分众化的小品牌。总之，未来企业需要顺应中国消费市场的变化，进行产品设计、商业模式等各方面的创新，才是打开中国巨大消费市场的正确姿势。

第三章

数字时代，
数字技术为什么能引领
新一轮科技革命？

在比较了 5G 通讯、大数据、云计算、人工智能、能源技术、生物技术、空间技术之后，发现 5G 通讯和数据智能相关技术最有可能引领新一轮科技革命和产业革命。

知识要点

1. 人类历史上每一次科技革命，都由一项重大的通用目的技术（General Purpose Technology, GPT）引领，就像蒸汽机之于第一次工业革命，电力之于第二次工业革命，计算机之于信息时代。

2. 通用目的技术必须具备广泛的渗透性、强大的适应性和发展性、最大程度激励创新等特点。技术革命表现为一组技术创新集群，通用技术则是这个技术集群的"航空母舰"，能够对各个领域技术创新进行赋能。

3. 5G 作为数字经济时代的通信基础设施，具有通用技术的特点，能够对数字经济各个领域进行赋能，同时中国已经进入 5G 商用元年。可以说，5G 是近景可实现的通用技术。

4. 大数据、云计算和人工智能既是专项技术，也具有通用技术的特征，可以对生产、消费、金融、政府治理、企业管理等各个方面产生颠覆性影响。同时，弱人工智能也在迅速发展，这是一项已经在实践中应用、在近景还将迅速发展的通用技术，而5G通讯将加速这一进程。

5. 能源科技是一个可以带来长期收益递增、给各个领域带来重大变革的通用技术，但清洁能源革命依然任重道远，需要一个较长周期的过程。

6. 生物科技虽然对人工智能相关的领域具有很强的渗透性，但是对于其他技术领域则并不具有广泛的渗透性与关联性，因此，生物科技可能并不能算作普遍意义上的通用技术。生物科技应该是一项即将到来的次级通用技术，可以在生命科学、生物制药和"生物—信息"交叉科技等领域产生颠覆性变化。

7. 空间技术更像是人类科技文明的一个先遣部队，是人类向未知世界进军的一把尖刀，是人类智识在黑暗中拓展边界的一盏明灯。这样一种引领的作用，更多体现在思维方式上、科学范式上的转变，也可能体现在某个具体领域的突破，但却不具备广泛的渗透性。

2018 年 2 月，美国太空技术探索公司，也就是明星企业SpaceX，在佛罗里达州的卡纳维拉尔角发射场进行了一次具有象征意义的发射。SpaceX 用猎鹰重型火箭把一辆特斯拉跑车送入太空，车上还会播放经典歌曲《太空怪人》，主题是讲述宇航员与太空飞船的故事。

当两枚火箭芯成功降落在位于陆地上的回收平台时，人们仿佛置身于科幻世界之中。这次发射引发了全球的关注，不仅因为向着鸿蒙太空和未知世界进发满足了人们内心深处的探索渴望，更深层的原因则在于，这次发射用一种极具符号意义的方式，向世界展示着两大前沿技术的交汇。这就是日益由商业资本驱动的空间技术和未来可期的自动驾驶汽车技术。

特斯拉的跑车，使用电能取代化石能源，蕴含着清洁能源技术；未来还将运用人工智能、5G 通讯技术打造自动驾驶汽车。空间技术从可望而不可即的神坛上走下来了，似乎整个璀璨星空都走进了百姓生活，以前那种仰望星空式的科学探索，现在正成为各个商业资本开拓的新蓝海。马斯克的梦想是移民火星，也许地球已经容纳不了人类想象力的疆界，追赶不上科技进步的步伐。

人类站在了新一轮科技革命和工业革命边缘上。5G 通讯、大数据、云计算、人工智能、生物科技、能源革命、空间技术等技术不断突破，使得身处上一轮科技革命红利耗尽期的人们更加翘首以盼。仿佛人们捅开这层窗户纸，就能触摸到未来。但科技革命似乎就像那个喊着"狼来了"的坏小孩一样，每次都信誓旦旦，但最后又都姗姗来迟。尤其是，在每一轮科技革命中居于统领地位的通用技术，更处于几种技术的竞争之中。

通用技术是解开新一轮科技革命的钥匙。就像蒸汽机之于第一次工业革命，电力之于第二次工业革命，计算机之于信息时代，即将到来的新一轮科技革命，会以哪一个技术为具有标志性、统领性的通用技术？或者说，从目前来看的几个竞争者中，谁更有可能引领下一轮科技革命？这是我们理解新一轮科技革命的关键问题，也是理解未来技术生态的重大课题。

一、通用技术：渗透性、发展性和激发创新

什么是技术？经济学家布莱恩·阿瑟在《技术的本质》中如此定义：所有的技术都会利用或开发某种（通常是几种）效应或现象。或者说，技术是一系列现象被捕获并使用（put to use）了。"技术是指向某种目的，被编程了的现象"。阿瑟使用了一种最为简单而有效的办法来理解技术。即技术利用

某个现象或效应达到人类的某个目的。这个很好理解，比如说，利用电流使得金属发光的效应，人类创造了灯泡技术；利用原子核裂变释放大量能量的效应，人类创造了原子弹技术。以此类推，从史前的刀耕火种到现在的声光化电，人类的每一项"奇技淫巧"，都在有目的地利用自然的某种效应。阿瑟说得很形象，技术是对自然现象的"编程"。

然而，阿瑟并没有进一步回答什么是通用技术。因为按照阿瑟的定义，技术都是满足某个特定目的的具体技术。显然，不是每一种技术都是通用技术。那么，何谓通用技术？

我们可以来看"文字"这项技术的发明。显然，我们可以把"文字"理解为人类发明的一项技术，发明文字是为了满足人类信息沟通、保存、记忆的目的。文字发明后，就被应用到各个领域，文字可以用来记账，可以用来写史，可以用来进行史诗和诗歌的创作，也可以用来记录哲学的思考。文字促进了人类各方面技术的发现。今天，文字这项技术已经渗透到人类文明的方方面面，成了"百姓日用而不知"的存在。而且文字从发明到现在，不断进化、完善、扩张，从简单的组合变成了复杂的形态。我们可以说，文字就是一项"通用技术"。

从"文字"这个例子，我们可以概括出通用技术往往具备三个非常重要的特征。第一，通用技术必须具备广泛的渗透性，应用范围非常广阔，最终实现向经济体多个产业领域的持续扩散。就像文字能够用于各个领域一样，通用技术不应该局限于某个领域，而是能够向各个领域进行渗透和赋能，形成"通用技术 +"的普遍属性。换句话说，通用技术就像是技术的基础设施，可以由此孵化出更多领域的技术创新。

第二，通用技术必须具备强大的适应性和发展性，能够不断丰富完善、改进提升，把技术的红利充分释放出来。还拿"文字"来说，这项通用技术展现出从简单到复杂的进化过程，通用技术亦复如是，它不是静止不变的，而是在完成向各个领域的渗透之后，还能够继续不断自我进化、自我完善。比如，互联网作为一项通用技术，为"互联网 +"的各个领域奠定基础，而互联网自身也经历着基于摩尔定律的变化。

第三，通用技术必须能够最大程度激励创新，为了运用通用技术，企业往往需要进行二次开发，以将通用技术与行业的实际情况结合。通用技术的应用往往会激发更多的创新活动，为新产品、新工艺以及相关的组织和制度变革提供土壤。换句话说，通用技术与具体领域的结合，不是简单的物理延伸，而是产生新生事物的化学反应。运用通用技术，可以激发各个应用领域的技术创新和产品创新，从而改善各个领域的产出绩效。

通用技术表现出较强的溢出效应，在其自身不断演变与创新的同时，会促使新的技术和产品不断涌现，从而引发收益递增的可能；另一方面，除了技术层面的创新之外，通用技术的应用还可能引起生产、流通及组织模式等管理方式的发展变化，引发新的商业模式，改变现有产品或服务的生产流程，实现资源配置效率的进一步优化。

目前，学术界已经达成共识的是，蒸汽机是第一次工业革命的通用技术，电力则是第二次工业革命的通用技术。就拿电力而言，电力显然具有广泛的渗透性，能够渗透到工业生产、居民生活、交通出行等各个方面；电力还具有较强的溢出效应，能够激发创新，电灯泡的发明改变了人类的生活方式，电力进入车间改变了建立在蒸汽机基础上的工厂模式、生产模式；同时，电力还能不断自我进化，在发电能力、传输方式等方面不断进步，衍生出了无线电通信以及基于弱电的信息产业。

布莱恩·阿瑟认为技术在演化过程中，具有两个非常重要的特征，一是技术具有层级结构：整体的技术是树干，主集成是枝干，次级集成是枝条，最基本的零件是更小的分枝；二是技术具有递归性：结构中包含某种程度的自相似组件，也就是说，技术是由不同等级的技术建构而成的。技术的递归性，也就是技术能够通过不同的组合而产生新的技术，在这个过程中，通用技术扮演着非常重要的角色。通用技术类似于技术层级结构中的树干，它能够为新技术的迭代生成提供基本的"组件"。

著名演化经济学家卡洛塔·佩蕾丝对技术革命作出了如下定义：

> 一场技术革命可以被定义为一批有强大影响的、显而易见是崭新且动态的技术、产品和部门，它们在

整个经济中能带来巨变，并能推动长期的发展高潮。技术革命是紧密地交织在一起的一组技术创新集群，一般包括一种重要的、通用的低成本投入品（能源、原材料或核心零部件），再加上重要的新产品、新工艺和新的基础设施……而只有当这批技术突破中的每一个都远远超出他所源起的产业或部门的界限，扩散到广泛的领域内才算真正意义上的"技术革命"。且每次技术革命都提供了一套相互关联、同类型的技术和组织原则，并在实际上促成了所有经济活动潜在生产力的量子跃迁。

技术革命表现为一组技术创新集群，就像一个海军战斗集群，形成了一个战斗矩阵，有巡航舰，有驱逐舰，有战斗机，还有无人机，但是仅有这些还不能构成一个震慑敌人的战斗集群，必须有统领、协调、连接、支撑这些战斗元素的航空母舰，这个战斗集群才能获得灵魂。道理是一样的，新一轮科技革命也必将是一组能给整个经济带来巨变的技术集群，我们现在需要识别这个技术集群的"航空母舰"，也就是能够对各个领域技术创新进行赋能的通用技术。通用技术最有可能是哪一项技术，决定了未来科技革命技术集群的内容、特点和气质。

未来学家杰里米·里夫金认为，通信是社会有机体的神经系统，而能源则是其血液，历次工业革命都是通信革命和能源革命的结合。因此，里夫金在《第三次工业革命》一书中，把"能源+通信"两个领域的革命作为未来科技革命的核心元素。换个角度理解，里夫金认为未来的通用技术，应该是清洁能源和通信技术革命。但这么多年过去了，"能源+通信"两个领域的革命及其交叉影响似乎都进展缓慢。那么，引领新一轮科技革命的通用技术究竟在哪里？

这其中，我们需要从两个维度来考虑，首先考虑必要条件，也就是通用技术必须满足上述三个特征，满足"技术的基础设施"这个定位，这个可以通过技术分析把一些技术排除在外；其次需要考虑充分条件，也就是在那些符合通用技术特征的技术中，需要考虑哪些技术最可能变为现实应用，也就是要从创新难度上，看哪些技术最容易突破"奇点"，这也决定了从时间序列上划分近景和远景，看哪项技术最容易在不远的未来获得应用。

我们可以列出5G通讯、大数据、云计算、人工智能、生物科技、能源革命、空间技术等候选技术，进行逐项分析。由于大数据、云计算和人工智能联系非常紧密，因此可以结合起来分析。

二、5G通讯：万物互联催生无限应用场景

5G是这些年来的炙手可热的词汇。中国和美国围绕下一

代通讯技术展开了激烈的战略竞争。美国不仅把 5G 的领先供应商华为列入实体清单，而且对其盟友频频施压，要求将华为排除在 5G 供应商名单之外。不惜动用国家力量来打压华为，这说明华为确实已经在 5G 领域领先世界之外，更说明了另一件非常重要的事情：5G 真的非常非常非常重要。

5G 不是 4G 的简单延续，而是革命性变化。5G 具有四大重要特点：高速度、泛在网、低功耗、低时延。4G 一秒只能传输 100M 数据，5G 则可以传输 10G 数据，提升了 100 倍。随着 5G 时代到来，以前需要巨大数据量连接的物联网、需要及时响应的自动驾驶汽车等应用场景，将陆续变为现实。

5G 作为通信基础设施，本身就具有通用技术的特点，首先就体现在 5G 具有广泛的渗透性，能够渗透到数字技术、信息技术的各个方面，并能通过支持数字技术对传统产业进行赋能。信息管理部门负责人此前曾对媒体表示，将来 20% 左右的 5G 设施将用于人和人之间的通信，80% 用于物和物、物和人之间的通信，也就是物联网。5G 将催生出远比 4G 丰富的应用场景，比如虚拟现实、无人机、自动驾驶汽车、高清视频、远程手术、远程作业等等，这些新业态、新模式将随着 5G 的应用而变得触手可及。

5G 还能够最大程度激励创新，使得各个领域不断推出具有技术革命性质的新产品、新服务。比如远程作业，由于 5G 传输数据基本无时延，使得煤矿企业、港口等很多工作的操作者可以同步感知虚拟世界和现实世界，解除时间和空间的限制，实现永远在场。比如高清视频，2K、4K、8K 的视频清晰度在手机上看不出来差别，但是在大屏上差别非常明显。富士康生产的钻头只能通过 8K 拍照并放大之后，才能知道它是否合格，这使得 5G 可以在制造业领域大放异彩。比如自动驾驶汽车，也因为 5G 技术而可能落地。高延迟无法处理紧急情况，比如当无人驾驶汽车撞向障碍物时，高延迟有可能导致转向信号发射过去时它已经发生碰撞。但 5G 可以避免这一情况发生，为自动驾驶汽车扫清最后的技术障碍，推动无人驾驶时代提前到来。

这些都说明，5G 技术符合通用技术的三个特征，是"杠杠的"通用技术。5G 标准是一个复杂的体系，它从编码、空口协议到天线林林总总，众多的标准一起形成了整个的 5G 标准，而各国 5G 实力的评价是一个综合体系，包括标准主导能力、芯片的研发与制造、系统设备的研发与部署、手机的研发与生产、业务的开发与运营和运营商能力六个方面。在这个六个方面，中国除了在芯片的研发与制造这方面落后之外，在其他五个方面均保持全球领先，拥有很大的话语权。2019 年，中国工信部也向三大运营商办发 5G 牌照，标志着中国的 5G 商用元年；2020 年疫情期间，中国三大通信运营商联合发布《5G 消息白皮书》，提出了 5G 消息业务的新设想，将对传统短信服务进行升级——短信不再有长度限制，并能有效融合文字、图片、音频、视频、位置等信息。

总结起来说，5G 作为数字经济时代的通信基础设施，可以说是未来新一轮科技革命的通用技术，而且就在不远的将来，就会逐步从愿景变为现实。可以说，5G 是近景可实现的通用技术。

三、大数据、云计算和人工智能：数据智能渗透万物

阿里巴巴集团的"参谋长"曾鸣写了一本在商界非常有影响力的书，叫作《智能商业》。在这本书里面，曾鸣提出了对未来商业模式的想象：数据智能和网络协同，是未来任何商业模式必须拥有的双螺旋，是新商业的基本 DNA。

数据智能，是指由机器取代人进行决策、提供服务，尤其是在数据量庞大的应用场景中，通过数据智能完成海量搜索与个性化服务。网络协同，可以理解为打造生态圈，从点、线、面生长为立体的商业平台，自然衍生出多种商业主体，多重角色通过网络自发形成协同配合、实时互动。比如说淘宝的演化，从商品买卖这个环节向广告、物流、供应链等众多环节进一步延展，更多的场景被网罗进来，更多元的协同在这一网络中发生。说到底，这个 DNA 双螺旋的核苷酸，就是数据。从数据来想象未来，这背后的思维方式则印证了这样一个道理：大数据、云计算和人工智能可以渗透到各个领域，具有通用技

术的特征。

尽管距离强人工智能的"奇点"，还有很远的路要走，但弱人工智能时代已经日益趋近。对于这种人工智能的发展，联合国 2017 年发布的《新技术革命对劳动力市场和收入分配的影响》报告中就判断，人工智能和历史上的蒸汽机、电力、计算机一样，是一种通用技术。人工智能的发展，将产生一个根本性的改变，即机器从取代人的体力劳动到取代人的脑力劳动。

当前，以数据化支撑的人工智能，有三项核心元素，即"芯片＋算法＋数据"。这其中，大数据提供了最基本的生产要素，即海量的数据；云计算则是一种提供动态可伸缩的虚拟化的资源的计算模式。可以打一个简单的比喻，大数据是隐藏的宝矿，云计算是开矿的工具、装矿的容器。没有大数据，云计算就会"巧妇难为无米之炊"；没有云计算，大数据就是一堆体现不出内在价值的材料。大数据和云计算结合起来，共同构成了智能时代的基础设施，为人工智能发挥作用奠定了基础。

大数据、云计算和人工智能显然具有广阔的渗透性，还能与特定领域结合，产生颠覆性的影响。比如在金融领域，科技金融正方兴未艾，数字化的应用场景可以解决很多传统金融无法解决的难题。比如给中小微企业贷款融资，是一个世界性难题，因为中小微企业缺少充分的信用数据、没有相当的抵押资产。但是通过数字金融，可以解决这个"信息不对称的问题"。

大科技平台发挥长尾效应的优势，链接数以亿计的企业与个人，这可以获得中小企业的所有交易信息，通过算法模型可以进行很好的风控。一些网商银行由此进行机器决策，实现了小微企业贷款的"310"模式，即三分钟线上申请贷款，一秒钟资金到账，零人工干预。

大数据、云计算和人工智能还可以颠覆现在的"生产—流通—消费"模式。通过大数据分析，可以把消费偏好的变化适时反映到生产端，从而逆向优化生产过程。福特在流水线生产的时代曾说过一句名言："顾客可以选择他想要的任何一种颜色，只要它是黑色的"。这是大批量生产时代的宣言。但在大数据时代，定制化的柔性制造，可以满足消费者的差异化、个性化需求。不仅如此，大数据和云计算还可以优化现有的生产工艺，提升生产效率。一家石化企业通过云计算对锅炉的数百个参数进行分析与工业智能应用，在不增加物理设备的前提下，达到分钟级别的动态参数优化，从而降低单位能耗。这一能耗降低的模式，可以逐步推广到各种类型的工业锅炉。这将使得大数据、云计算和人工智能可以广泛渗透到各个工业领域，产生神奇的化学反应，催生数字生产的新范式。

在技术引领型行业和市场变动型行业，数据智能可以大幅提升研发效率和准确预测。从具体行业看，数据智能在数字政府、金融、医疗、汽车、零售、高端制造等领域都有广阔的应用前景。比如可以在虚拟世界形成一个与现实世界完全相同的虚拟城市，即孪生城市，通过孪生城市可以完成很多实验性的预测。

总之，大数据、云计算和人工智能是典型的通用技术，可以对生产、消费、金融、政府治理、企业管理等各个方面产生颠覆性影响。同时，大数据和云计算技术已经产生了广泛的应用，弱人工智能也在迅速发展，这是一项已经在实践中应用、在近景还将迅速发展的通用技术，而5G通讯将加速这一进程。

四、能源科技：清洁能源改变未来

人类的经济发展，实际上可以理解为一个如何使用能源的问题。"手工磨产生的是封建主为首的社会，蒸汽磨产生的是工业资本家为首的社会"。能源是经济运转的驱动力，是人类创造各种新奇技术的基础。如何从大自然获得能源、怎样使用能源，能源技术的变革将影响到经济发展的各个方面。

人类进入工业文明以来，科技日新月异的一个结果，就是机器不断取代人力。实际上，这个过程也可以理解为能源使用方式和效率的变革。美国经济学家帕申·史密斯提出"资本的能量生产率理论"，对第一次工业革命中"能源革命"的意义作出了解释。按照这种理论，劳动和资本在生产中共同提供的主要服务是"工作作用力"，即推动工具做功的能量或动力。根据今天的食品和燃料成本，人的身体是一个相对低效的能量转化器。蒸汽机可以摄取更少成本的原料，提供更大的能量转换。从能量转化效率的角度来看，蒸汽机相比人的体力而言，是一个更高效的能量转化器。

尽管把人和机器都看作是"能量转化"的工具，显得不尊重人的主体性，但这确实打开了一个认识能源如何影响经济运行的新窗口。从能量转化效率的角度来看，机器的进化亦是如此，遵循着同样的规律。电力取代蒸汽机，也是因为电力能够更加高效地实现"能源转化"，更加高效地从大自然获得能源、并注入到经济体之中。第二次工业革命一开始是德国与美国共同领导，后来美国发明内燃机，加上美国巨量的石油储量，美国凭借化石能源的开采一骑绝尘，推动了汽车、航空工业等的迅速发展，也引领人类进入了化石能源时代。

当经济使用的能量从人类体力进步到蒸汽动力、电力和化石能源时，每个工人所能支配的能量生产能力日益上升，这带来了普遍的收益递增，最终推动经济持续增长。从这个视角来看，经济增长主要归功于人类可以更好地支配自然的能量资源，而由燃料提供动力的、能量密集型的资本正是实现这一过程的基本途径。

未来学家里夫金认为未来的工业革命是"能源革命＋信息技术"，新型通信技术与新能源系统的结合，预示着重大经济转型时代的来临，实际上基本原理也可以归结为上述理论。里夫金想象的未来工业革命，五大支柱缺一不可：一是能源本身，即向使用可再生能源转型，是新能源技术以及新能源技术和新通讯技术融合的基础；二是能源的生产方式，即将建筑转化为微型发电厂，以便就地收集可再生能源；三是能源的储存形式，在每一栋建筑物以及基础设施中使用氢气和其他储存技术，以存储间歇式能源；四是能源的分享机制，利用能源互联网技术将电网转化为能源互联网；五是如何更加有效地利用新能源，将运输工具转向插电式以及燃料电池动力车。

实际上，在里夫金设想的模型中，通信技术只起到辅助作用，最核心的还是能源革命。互联网技术的发展，可以推动形成分布式的"能源互联网"，这将使得能源传递和分享的边际成本接近为零，从而对经济社会发展带来全方位、颠覆性的变革。毫无疑问，能源革命具有广泛的渗透性，能量转化方式的创新可以渗透到人类生产生活的方方面面，并且激励特定领域的创新，这使得能源革命具有通用技术的潜质。

可再生能源技术除了环保优势外，还会带来一个根本性转变，即使得能源从采掘业转变为制造业。人类对能源的获取不再受制于地球千百年来进化所得的天然储量，而可以根据人类的需求"制造"出来。这将为人类社会经济的可持续发展奠定能源基础，引领前所未有的生产活动重大革命。除此之外，氢燃料、可控核聚变，也是能源革命的重要竞争性技术，在未来具有无限的想象空间。

但也要看到，可再生能源对化石能源的取代，可谓其路漫漫。尤其是美国页岩油、页岩气技术成熟后，化石能源领域的创新同样值得关注。短时间来看，人类仍将依赖化石能源。因此，尽管能源革命是一个可以带来长期收益递增、给各个领域带来重大变革的通用技术，但这需要一个较长周期的过程。

五、生物科技：科技改变生命，还是生命赋能科技？

科幻电影一般都有两个经典套路，一个以漫威的《钢铁侠》为代表，运用科技增强人体生命的能力；另一种则以《X战警》为代表，生命的基因突变可以为科技创新提供启示。前一种套路在当前非常流行，尤其随着人工智能的发展，很多人畅想运用科技来增强碳基生命的能力。美国著名物理学家迈克斯·泰格马克就是顺着这个思路写下了著名的畅销书《生命3.0》。但未来可能会恰恰相反，有很大的可能性恰恰是生物科技的突破、生命密码的解开，推动人类突破现有科技认知的瓶颈。

实际上，在生物科技与数字科技之间的交叉地带进行突破，早已成为人工智能发展的前沿方向。现在的深度学习神经网络，就是借鉴人类的神经网络来设计数据算法，大幅提升了机器学习的智能。人脑中有总计超过100万亿的突触介导大脑中的神经元信号，使大脑能够以闪电般的速度识别模式（pattern），记住事实并执行其他学习任务。这种能力是目前基于二进制、开／关信号进行计算的数字芯片做不到的。科学家一直都想研究制造更加类似生物神经元的芯片模型，想象中的"类脑芯片"可以用指甲大小的芯片超越大型计算机的算力。

生物科技渗透到数字科技的另一个前沿方向，是 DNA 存储。作为已知最密集、最稳定的存储介质之一，DNA 具有密度大、耗能低、无磨损和寿命长等潜在优势。当前技术已经能够对 DNA 进行常规的测序、合成以及方便准确的复制。倘若能够把数据存储在 DNA 的字母序列中，将把 DNA 变成一种新的信息技术形式。这意味着"一个边长约 1 米的 DNA 立方体就完全可以满足目前全世界一年的存储需求"，将大大提高人类数据存储的能力。2016 年，微软研究院和华盛顿大学联合将 200MB 数据存入 DNA，同时，微软已计划于 2020 年在数据中心建立基于 DNA 的数据存储系统。

这些都说明，尤其对于与人工智能相关的芯片、数据存储、神经网络等技术来说，生物科技具有非常强的渗透性，能够在交叉学科获得意想不到的创新突破。人类生命习以为常的功能之中，可能就蕴藏着解开人工智能领域某个重大难题的钥匙。

在生物科技领域，基因编辑技术这些年来进展迅速。基因编辑技术可以用于疾病筛查、先天疾病预防、癌症治愈等各方面。美国好莱坞影星安吉丽娜·朱莉曾自曝已经接受预防性的双乳房切除术，以降低罹患乳腺癌风险。原因由于她具有基因"BRCA1"，医生预计她原本患乳腺癌的风险为87%，患卵巢癌的风险达50%。但与此同时，基因编辑技术也面临着非常大的伦理风险，尤其是通过改变或剪掉某个基因来达到治疗疾病的目的，引起了广泛的道德争议。这是因为，人类对基因的认知是有限的，甚至可以说未知仍然大于已知，如果在现有认知范围内贸然剪掉某个基因，可能在达到特定目的的同时也造成其他更严重的次生后果。

总体而言，生物科技虽然对人工智能相关的领域具有很强的渗透性，但是对于其他技术领域则并不具有广泛的渗透性与关联性，因此，生物科技可能并不能算作普遍意义上的通用技术。而从当前的发展态势来看，生物科技与数字技术的交叉发展，很可能在近景视域内产生更多突破，基因编辑技术也将获得较大突破。因此，生物科技应该是一项即将到来的次级通用技术，尽管无法起到引领科技革命的重任，但会使得生命科学、生物制药和信息技术等领域产生颠覆性变化。

六、空间技术：仰望星空引领脚踏实地

空间技术一度让人感觉距离现实非常遥远，登上月球甚至远征火星，虽然在象征意义上带来了很强的心理冲击，但很多人感觉似乎并没有太大的现实意义。面对这一基于现实的质

疑，空间技术的支持者们颇费苦心，找了很多空间技术带动其他领域发展进步的例子：遥感卫星、天气预报最初都是受到太空探索的启发，甚至包括现在为很多年轻父母减少带孩子负担的尿不湿，为很多工薪阶层加班加点解决吃饭问题的方便面，刚开始也都是为了解决宇航员在太空中的生存问题。

这让人想起一个流传很广的故事：古希腊哲学家泰勒斯只顾抬头仰望星空、观看星象，无暇顾及脚下的路，一脚踩空掉进了路边的井里。但泰勒斯这一跤摔出了"哲学家的姿态"。他说出了一句被后世传诵的名言："一个民族有一些仰望星空的人，他们才有希望。"这句哲理名言，还有尿不湿、方便面，都道出了天上与地下的深刻联系：天上发生的事情未必能马上获得现实好处，但可能为地面上的科技创新指引方向。

这在科技史上体现得非常明显：近代史上科学的每一次突破，几乎都和人类理解天上发生的事情有关。哥白尼提出"日心说"，掀起了近代科学革命的序幕，这是在关心天上的事；牛顿建构的万有引力公式，运用数学来解释行星运动轨迹，奠定了基于机械宇宙观的近代物理学基础，这是在关心天上的事；爱因斯坦提出相对论，尤其是广义相对论，也都是在关心天上的事。中国古人很早就说过，"无用之用乃大用"。仰望星空未必能带来实际的好处，但它就像一盏智识的探照灯，总是在已知与未知接壤的地方拓展人类的认知边界，引领人类产生科学范式革命。

当然，空间技术未必具有广泛的渗透性，但展现为一种在思维方法、实验场景、提出问题上的引领性和先导性。2015年，美国科学家首次探测到引力波，在100年后，证明了爱因斯坦理论的正确。这一标志性事件，说明人类的想象力可以超越一时的技术限制，把浩瀚太空都纳入到思考的范围，这是对人类智识的无声礼赞与激励，同时，在完成这项浩大工程的过程中，量子计算、精密测量等领域也产生了不少前沿技术。

空间技术融汇了材料、化工、能源、电子、通信和信息等领域的最新高精尖技术，当前最热的技术创新当数 SpaceX 的可重复利用火箭技术。SpaceX 公司的"猎鹰 9 号"火箭可在发射后由上面级将卫星等载荷送入预定轨道，一级火箭则在与上面级分离后重新调整为直立状态返回着陆。可重复利用火箭技术大幅降低人类发射火箭的成本，为人类进行更多太空探索提供了可能。

发射火箭的成本降低，使得过去由于成本太高而无法完成的技术创新或商业模式，有可能变为现实。在商业模式方面，比如太空旅游，SpaceX 公司将在 2021 年晚些时候送 3 名游客到国际空间站进行为期 10 天的太空旅行，每张票价 5500 万美元。美国国家航空航天局（NASA）则宣布，将开始向更多像太空旅游这样的商业活动开放国际空间站。与此同时，亚马逊的创始人贝佐斯的蓝色起源，也开始紧盯太空旅游商业化。在技术创新方面，马斯克开始在通信领域打造"星链计划"，有可能改变人类的通讯方式，开创"太空互联网时代"。马斯克计划发射 12000 颗近地通信卫星，人类将通过太空卫星宽带网络连接起来，这将有可能彻底颠覆现有的通信格局。

同时，随着人类进入太空的成本越来越低，像小行星挖矿等新产业也将应运而生，空间实验室将在地球不具备的环境中进行科学突破。而像马斯克所畅想的火星移民，可能属于一个更加远景的未来。总之，空间技术更像是人类科技文明的一支先遣部队，是人类向未知世界进军的一把尖刀，是人类智识在黑暗中拓展边界的一盏明灯。这样一种引领的作用，更多体现在思维方式和科学范式上的转变，也可能体现在某个具体领域的突破，却不具备广泛的渗透性。

结合以上分析，可以用一个图表来表示未来科技革命的几个潜在引领者。

引领未来科技革命各项潜在通用技术比较

	渗透性	激励创新	近景 / 远景	技术性质
5G 通讯	强	强	近景	近景可期的通用技术
大数据、云计算和人工智能	强	强	弱人工智能近景，强人工智能远景	近景可应用、远期有潜力的通用技术
能源革命	强	弱	未知	一般通用技术
生物科技	弱	强	未知	引领性技术
空间技术	弱	强	未知	引领性技术

5G 通讯以及大数据、云计算和人工智能，具有通用技术的几大特征，同时在可预期的未来能够大规模应用。能源革命虽然一直受到关注，但是化石能源的地位短期内恐怕难以撼动，同时页岩油、页岩气革命，也进一步巩固了化石能源的地位。生物科技和空间技术都可以激励创新，但渗透性并没有那么强。由此可以推断，引领未来科技革命的通用技术，很可能是以大数据、云计算和人工智能为代表的新一代信息技术，而5G 通讯的逐步落地将进一步加速这一进程，算法、芯片和数据的协同发展将取得更大突破，使得生产端的工业互联网、智能制造等技术创新不断涌现，并对制造业、生物科技等各个领域产生牵引作用，从而显著提升生产效率。

第四章

数字时代，贫富差距会因为数字红利而缩小吗？

数字技术如何影响人们的收入水平？这是每个人都关心的切身问题。数字化技术既可能加大贫富差距也可以缩小收入悬殊。数字化技术促进了科技垄断和财富集中，但同时，数字化加速了知识共享和扩散，又有利于缩小差距。关键在于，要学会运用数字化为自己赋能。

知 识 要 点

1.资本收入占经济总收入的比重，与资本收益率、储蓄率成正比，与经济增长率成反比。如果资本收益率 r 大于经济增长率 g，那么资本收入占经济总收入的比重就会越来越大，相应劳动收入占比就会越来越小，那么贫富差距就会越来越大。经济增长率提升，有利于缩小贫富差距。

2.技术进步对收入的影响具有两种效应，即资本偏向型技术进步和技能偏向型技术进步，当技术进步产生资本偏向时，会增加资本收入比重；当技术进步产生技能偏向时，会增加高技能劳动者收入，从而拉开高技能劳动者与普通劳动者的收入差距。

3.新技术投入使用之后，一开始会发生"领跑效应"，技能劳动者和非技能劳动者之间的收入差距会扩大；接下来，随着"技术的扩散"，越来越多的人开始学习新技术、掌握新技能，于是开始出现"追赶效应"，劳动者之间的收入差距会逐渐缩小。

4.数字化技术引领的新科技革命会促进经济增长率提升，从而降低资本收入在经济总收入中的比重，但同时，也会更加促进大企业对资源的集中和垄断，形成科技寡头。

5.数字化技术引领的新科技革命更加具有技能偏向型的特点，明显会有利于掌握新技术的高技能劳动者，这会扩大贫富差距。但是另一方面，互联网的开放共享特征，以及数据流动必然加速技术扩散效应，也会起到缩小贫富差距的作用。

财富如何分配，是人类社会的永恒课题。

中国自古就有"不患寡而患不均，不患贫而患不安"的平等追求，有着"大道之行也，天下为公"的朴素愿望，有着"天之道，损有余而补不足"的辩证智慧。尽管贫富差距在任何一个国家都不可避免，但是人类对平等的追求从未停息。在农业社会，由于社会财富的源泉来自土地，贫富差距的主要来源也取决于占有土地的多少，其机制简单，而结果易知。进入工业文明之后，人类创造财富的能力空前提高，社会财富分配的机制更加复杂，贫富差距的广度和深度更加加深。

现在，随着经济增速放缓，贫富差距成为世界各国普遍关心的问题。在西方发达国家不断兴起的民粹主义、保护主义甚至极端主义，莫不与之有关。美国民主党总统参选人伊丽莎白·沃伦誓言拆分谷歌、亚马逊等科技巨头，向世界宣称："今天的大型科技公司拥有太多的权力——在我们的经济、社会等领域掌握的权力过大。"沃伦的豪言壮语能否付诸实践有待观察，但是她显然捕捉到了一个正确的问题：随着大数据、云计算、人工智能等新一代信息技术发展，技术的创新、信息的流动将更容易导致财富集中。

但与此同时，也可以看到另一种现象，在快手、抖音上，很多农村的年轻人成了网红，获得了大量的粉丝，通过打赏、直播带货等方式可以获得高额收入，从而获得了一条以往难以想象的跃升之路。短视频的网红只是众多新职业中的一种，自媒体、微信公众号、网购模特等，都是新一代信息技术创造的新职业。随着移动互联网渗透到社会各个角落，"草根阶层"也可以分享新一代信息技术带来的红利。

既有财富的集聚效应，也能给广大"草根"带来机会，这其实触碰到了一个长期受到关注的话题：新一轮科技革命将如何改变社会财富分配，是加剧贫富差距，还是缩小贫富差距？

技术创新对于收入不平等具有双重效应，既可以产生抑制作用，也可以产生促进作用。这取决于两种效应的力量对比。但有一点非常明确，与前几次大的科技创新相比，新一代信息技术的发展，或者说即将到来的第四次科技革命，将对财富分配产生不一样的影响，也会对贫富差距产生新的作用。

一、当资本收益率高于经济增长率，资本收入和劳动收入的差距就会扩大

贫富差距或者说收入不平等，是一个非常含混的概念。因为这里面首先要区分清楚的，是谁与谁的差距、哪个群体与哪

个群体的收入不平等。群体划分不同，差距自然各异。一般来说，人们普遍关注两类贫富差距。一类是资本收入与劳动收入的差距，一类是劳动者之间的收入差距。

什么是资本收入与劳动收入的差距？我们都知道，生产要素主要是指资本和劳动，这里资本是指非人力资产的总和，不仅包括所有形式的不动产（含居民住宅），还包括公司和政府机构所使用的金融资本和专业资本，比如厂房、基础设施、机器、专利等；劳动则比较容易理解，是指人们的劳动供给。资本和劳动结合，产生了经济总产出，总产出在资本和劳动之间的分配，就简称为资本收入和劳动收入。资本收入和劳动收入的差距非常重要，它衡量了一个社会是占有资本的人从经济产出中获得更多财富，还是劳动者从经济产出中获得更多财富。

什么是劳动者之间的收入差距？当然，我们并不讨论劳动者之间的自然差距。即便是做着相同的工作，不同的人能力有大小、努力有高下，也会产生不同的收入水平。这就属于不可避免的自然差距。我们需要讨论的是结构性的差距，比如公司高管和普通员工的收入差距，比如高技能工人与普通工人的收入差距，比如获得高等教育职工与仅仅受过初等教育职工的收入差距。当然，为了简便起见，我们可以把这些分类都抽象为一种类型，即掌握技术创新的劳动者和普通劳动者之间的收入差距。

现在，我们分别来为这两种类型的收入差距寻找"基本原理"。关于资本收入和劳动收入之间的差距，法国经济学家托马斯·皮凯蒂在《21世纪资本论》中提出了简洁而普适的分析方法。

在了解这个分析方法之前，我们需要先来了解几个基本的概念。资本的概念在上面已经概述过，衡量一个社会的生产资料的存量。资本的收益包括利润、租金、分红、利息、资本利得等，属于使用资本而向资本所有者分配的经济收入，资本的收益除以资本的存量，就可以得到资本收益率。可以用 r 来表示资本收益率，以衡量资本获得收益的能力。如果用 K 表示资本存量，用 R 来表示资本收入，那就可以得到一个会计恒等式，即：

$$R=K \times r$$

经济产出可以理解为一个经济体一年内产生的总收入、总财富，这是一个流量、增量的概念。对一个经济体而言，我们可以用 Y 表示总收入，那么资本存量与总收入之间往往存在一个比值，可以用 β 来表示，这也会得到一个会计恒等式，即：

$$\beta = \frac{K}{Y}$$

这样，我们就可以来计算资本收入占总收入的比值了。假设我们用 α 来表示这个比值，用资本收入除以总收入，就可以得到 α 的值了，也就是：

$$\alpha = \frac{R}{Y}$$

把"K×r"代入上式，就可以得到：$\alpha = K \times \dfrac{r}{Y}$，由于 $\beta = \dfrac{K}{Y}$，所以这个等式又可以简洁地写成：

$$\alpha = r \times \beta$$

这个等式被皮凯蒂称为资本主义第一定律，这是一个会计恒等式。简单理解，这个等式告诉我们，资本收入占总收入的比重，取决于两个变量的乘积，即资本收益率的水平，以及资本存量与总收入的比值。我们可以用一个非常简单的模型来理解这个公式的妙处，假设一个经济体只有一个工厂，假设厂房、设备、办公器材的总价值，也就是资本存量的价值是每年产出的6倍，而资本的收益率是5%，那就很容易算出来，资本收入占总产出的比重是6乘以5%等于30%。那就很容易得出这个结论，工厂所有者占据了30%的收入，剩下70%则由劳动者共同来分。

一般而言，资本收益率不光是指利息率，除了存款收益，还包括股票分红、房租收益等方面，但利息水平应该是衡量资本收益率的一个直观指标。那么资本存量与总收入的比值 β 如何计算？这就是皮凯蒂所言的资本主义第二定律。假设一个经济体的储蓄率是 s，而经济增长率是 g，那么长远来看，资本存量与总收入的比值将趋向于储蓄率与经济增长率之间的比值，也就是：

$$\beta = \dfrac{s}{g}$$

这个等式的推导比较复杂，但也可以从非常简单的角度来

数字时代，贫富差距会因为数字红利而缩小吗？

理解。假设一个经济体在基年的经济总量是 100 个单位，如果储蓄率是 12%，那就有 12 个单位转化为新增资本，如果增长率是 2%，那就有 2 个单位转化为新增的经济产出。如果这个过程不断循环，那么初始的存量就变得不重要了，资本存量和经济收入的比将主要取决于其增量，也就是取决于储蓄率和经济增长率，也就是 $\beta = \dfrac{s}{g}$。

这样，我们就可以把资本主义第一定律和资本主义第二定律结合起来，在公式 "$\alpha = r \times \beta$" 中代入 "$\beta = \dfrac{s}{g}$"，得到一个观察工业文明时代的收入不平等公式：

$$\alpha = s \times \dfrac{r}{g}$$

这个公式用非常简洁的方式告诉我们，资本收入占经济总收入的比重，与资本收益率、储蓄率成正比，与经济增长率成反比。在现实经济运行中，一个经济体的储蓄率常常比较稳定，这样一来，资本收入占经济总收入的比重，就取决于资本收益率和经济增长率的比重，如果资本收益率 r 大于经济增长率 g，那么资本收入占经济总收入的比重就会越来越大，相应的劳动收入占比就会越来越小，那么贫富差距就会越来越大。

这个过程其实与大家的日常感受是契合的。经济增长率 g 衡量了一个社会创造财富增量的能力，也就是大家平常所说的做大蛋糕的能力和程度。也就是说，如果经济增长率 g 越大，一个社会的蛋糕越做越大，新增社会财富越多，资本收入和劳动收入的差距就会越小，大家都有钱赚；如果经济增长率 g 变小，一个社会做大蛋糕的能力在减小，新增的社会财富在缩小，那么资本收入和劳动收入的差距就会扩大，收入分配越来越陷入零和博弈。

尽管皮凯蒂的方法引起了很多争论，但是他使用了一个非常严密而简洁的方式告诉我们，看资本收入和劳动收入的相对变化，就要看资本收益率与经济增长率谁大谁小。这样来看，资本收益率和经济增速作为宏观指标，其实与每个人的利益都息息相关，它是高是低，是强是弱，决定了劳动收入在经济总收入中的比重，由此也决定了在一个社会中一个人根据自己奋斗来改变命运、实现梦想的可能性有多大。

二、技能偏向型技术进步：掌握技术创新的劳动者和普通劳动者之间的收入差距

一位经济学家在一次理发之后，突发奇想产生了一个问题：为什么理发师的收入远比科技公司的程序员、金融行业的分析师低？由这个问题出发，也可以扩大到更大层面的问题，为什么有的国家仍然收入较低，而有的国家却变得更富裕？其实，这其中的原因就在于技术进步对于收入分配的影响，并不是均匀分布，而是具有偏向性。

为什么理发师的收入比程序员低？这个问题里面，潜藏着

资本主义生产方式的终极秘密。为什么有的人、有的国家能够获得更高的收入分配？为什么有的人、有的国家能够占据产业链的顶端？这里面的奥秘可以用一句话来概括，即生产更高门槛产品的供给者，将获得更高收入。这个道理很好理解，市场交换实际上在平等的表象之下，隐藏着一个不平等的结构。低门槛的产品，谁都能生产，竞争者、模仿者会大量涌入，直到供给量达到饱和，因此附加值低；高门槛的产品，由于存在技术门槛，只有少部分生产者能够生产，由于技术含量高，因此附加值高。

　　这就可以用来解释为什么理发师的收入比程序员低，理发师提供的理发服务，属于简单的劳动，每个人都可以进入；而程序员则有很高的技术门槛，需要接受高等教育，具有相当的数学知识和编程技能，程序员设计的软件产品就比理发服务更具有稀缺性，附加值更高。这就决定了程序员比理发师收入更高。各行业劳动者的收入差距也都可以由此理解。国家的差距也在于此，如果一个国家主要生产初级产品，拿衣服、鞋子和袜子与其他国家换芯片、大飞机，那么财富的绝大部分肯定是流向了生产更高门槛产品的国家。

　　所以说，工业社会是一个"秘密的社会"，掌握尖端技术需要保守秘密，这样才能占据产业链上游，获得高额收益。这也使得工业生产成为一个不断推动技术创新的过程，唯有掌握别人不具备的技术，才能够获得更高收入。但是技术对社会财富分配的影响不是均匀的，而是会对各个群体、各个生产要素产生偏向作用。正是因为偏向作用，所以程序员的工资才会比理发师高，所以有人成了企业高管拿着更高的薪酬。

技术进步对收入分配的偏向型影响，主要可以分为两个类型，即"资本偏向型技术进步"和"技能偏向型技术进步"。什么是资本偏向型技术进步？顾名思义，技术进步能够使得资本收入获得更大份额。希克斯1932年在《工资理论》中最早定义了资本偏向型技术进步，即给定资本劳动比（K/L）不变，在技术进步后，资本与劳动要素边际产出之比增大，那么技术进步就是资本偏向型。如何来理解这一套经济学术语？举个简单例子，在工业革命早期，由于机器的引入使得生产效率大大提升，超过了原来使用人工的传统生产方式，所以就会产生"机器驱赶人"的现象，这样技术进步就会导致劳动收入份额的降低。

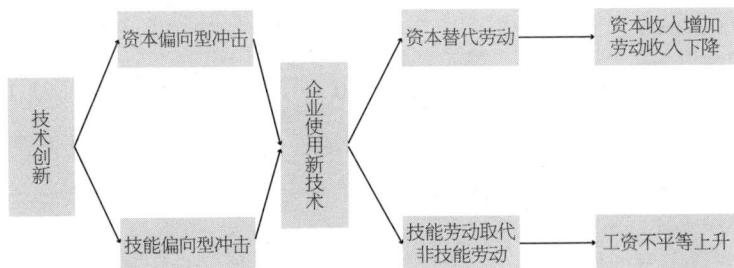

资本偏向型技术进步和技能偏向型技术进步对收入分配的影响

那么，什么是技能偏向型技术进步？就是技术进步发生后，并没有显著提升资本的稀缺性，但是新技术却需要技能劳动与之相匹配，才能发挥最大作用。所以新经济、新技术就会对高技能人才产生更多需求，使得掌握创新技术的高技能劳动者获得更多"技术溢出效应"，从而拉开了技能劳动与非技能劳动之间的工资差距。当经济体发生技术创新时，最早采用新兴技术的人群首先获得了高收入，这就会扩大掌握技术创新的劳动者和普通劳动者之间的收入差距。这个可以叫作"领跑"效应。

其实，"领跑"效应也是对"理发师为什么赚的没有程序员多"这个问题的回答。因为程序员可以掌握最新的技术，成为有门槛的产品的供给者。换句话说，每当新技术出现，总有一部分人率先掌握新技术，而另一部分人落在后面。

但是无论怎样保守秘密，技术创新都会存在扩散效应。在技术扩散的过程中，后知后觉的人群也会逐渐接受新兴技术，从而提高自身的技能水平。同时，一项技术创新发生后，也会有更多竞争者、模仿者进入，从 0 到 1 的创新，进入到了从 1 到 N 的扩散过程，技术创新的门槛在这个过程中也会逐渐消失。当这个过程发生时，就会缩小掌握技术创新的劳动者和普通劳动者之间的收入差距。这个"追赶"效应，由技术创新的扩散引起。

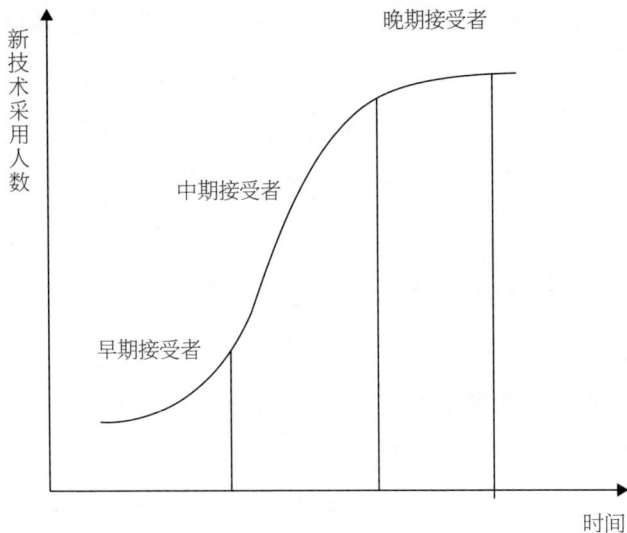

新技术采用人数（纵轴）

晚期接受者

中期接受者

早期接受者

时间（横轴）

创新的扩散效应

从时间序列来看，新技术投入使用之后，一开始会发生"领跑"效应，技能劳动者和非技能劳动者之间的收入差距会扩大；接下来，随着"技术的扩散"，越来越多的人开始学习新技术、掌握新技能，于是开始出现"追赶"效应，劳动者之间的收入差距会逐渐缩小。

经济学家库兹涅茨提出了收入分配的倒 U 型曲线，认为在人类社会由前工业文明向工业文明快速转型的经济增长早期阶段，收入分配差距会持续扩大，然后会保持一段时间的稳定，在后半阶段逐渐缩小。库兹涅茨认为引起贫富差距在达到顶点后下降的主要因素有三个，即政府干预、技术创新和人口结构变化。经济学家建立了模型来论证这一点，在技术创新发生后，传统部门会向现代部门发生资本和劳动力的转移，直到传统部门和现代部门的资本和劳动的边际生产力相等，资本和劳动的转移才会停止，本轮技术创新引起的传统与现代的收入差距也归于零。

库兹涅茨倒 U 型曲线，引起了经济学家很多争议，但是它提供了一个技术创新如何影响收入分配的分析方法。在这其中起主要作用的是技术创新以及创新的扩散效应。一般而言，创新扩散效应呈 S 形曲线。

从这个过程可以看出，极少数人开启了技术创新，然后只有少数人成为早期采用者，所以刚开始的斜率是平坦的；随着创新产品越来越受到认可，采用创新产品的人也会越来越多，这时候斜率是陡峭的；到了创新产品扩散的末期，最迟缓的一部分才开始进入，这个人群也是少数，所以斜率又变得平坦了。这个在时间序列上的扩散过程，类似于"S"形。

总结起来说，技术创新对于劳动者之间的收入分配，具有双重效应，一是产生技能偏向效应，这将扩大掌握技术创新的劳动者和普通劳动者之间的收入差距；二是技术创新扩散效应，这将缩小掌握技术创新的劳动者和普通劳动者之间的收入差距。总结起来看，技术创新的影响，取决于"领跑"效应和"追赶"效应两者之间的大小比较。

三、以美国为例看贫富差距：资本收入成为影响收入不平等的主要因素

早在公元前326年，古希腊思想家亚里士多德在其所著的《政治学》一书中就比较了当时100多个城邦的政体，之后得出结论，认为最优良的城邦政体是中产阶层占统治地位的政体，且当中产阶层超过极富阶层或极穷阶层时，这种政体才有可能保持稳定。最富有和最贫穷的人群都占少数，中产阶级占多数，这样一种社会结构常被人称为橄榄型社会，也常被认为是最理想的社会结构。

美国社会一向以橄榄型社会自居，庞大的中产阶层也被认为美国式民主的支柱。但是事情正在起变化，近些年来，美国社会贫富差距拉大、收入分配极化的问题已经越来越严重。

可以先来看几个感性的对比：根据总部位于华盛顿特区的智库政策研究所发布的报告，美国最富有的三个人，即微软公司联合创始人比尔·盖茨、亚马逊创始人杰夫·贝佐斯以及伯克希尔哈撒韦公司首席执行官沃伦·巴菲特，拥有超过2400亿美元的财富，相当于美国经济底层一半人口，也就是大约1.6亿人的财富总和。

美国最富裕的1%家庭的财富占全美家庭财富的比例从1989年的30%上升至2016年的38.6%，而底端90%家庭的财富占比则从1989年的33.2%降至2016年的22.8%。

根据皮尤研究中心的调查，从 2000 年到 2014 年，美国普通医生、律师、教师、工程师、科学家的收入几乎没有增长，而公司高管等在收入金字塔顶尖群体的收入则增加了3倍。1965 年，最大的 350 家公司首席执行官的收入是员工平均工资的 20 倍，1989 年和 2012 年，收入差距分别扩大到 58 倍和 273倍。由此可见，美国贫富分化的加剧态势正在以惊人的速度演变。

美国贫富差距拉大甚至极化，已经对美国的经济发展、社会运转和政治运行产生了深远影响。全球最大对冲基金桥水基金的创始人达里奥在 2019 年 4 月发表一篇名为《资本主义为何以及如何改革》（"Why and How Capitalism Needs To Be Reformed"）的文章，专门探讨美国的贫富差距问题。达里奥发现，60% 的底层工人从 1980 年以来就没有实质性的收入增长，但是最有钱的 10% 的富人收入翻倍，最有钱的 1% 的富人收入翻了三倍。达里奥由此写道，"资本主义以一种对大多数美国人来说并不好的方式发展，因为它正在为富人制造自我强化的螺旋式上升趋势，为穷人制造下行趋势"。

问题来了，为什么美国从 20 世纪 80 年代以来，贫富差距会越拉越大？这其中有两个非常深层的原因，也代表着收入结果变化的一个趋势。这两个深层原因，也都可以放在上面提到的分析收入不平等的两个基本框架中，一个趋势是，越是收入高的人群，资本收入占比越高；另一个趋势是，公司高管与普通职工工资收入差距越来越大，大公司的"超级代理人"现象引人注目。

先来看资本收入占比越来越高的问题。美国从 20 世纪 80 年代开始，经济加速向"金融化"方向发展。公司治理目标向股东价值最大化的转变，同时带来企业高管的薪酬方式发生巨大变化，其中最明显的变化是高管薪酬由于股票期权上升而显著增加。虽然金融化的过程，也会给予普通职工股份，但是股票资产的分布极其不均衡。以股票期权为主的薪酬体系使高管工薪中含有大量的股票期权，使得高管可以在工资之外获得大量的资本收入。

皮凯蒂在研究美国收入不平等问题后指出，"1980 年以来资本收入不平等的大规模加剧，大约可以解释美国收入不平等扩大的 1/3"。2007 年资本收入在前 0.1% 人群中占据主导地位，而且收入越高，资本收入的比重越高。有学者分析了 1992—2002 年组成标准普尔 500 指数成分股公司 CEO 的薪酬水平，结果表明平均薪酬的结构发生了极大的改变。在 1992 年，这些 CEO 的基本工资仅占全部收入的 38%，股票期权占全部工资收入的 24%。但在 2000 年，基本工资占比下降到 17%，股票期权的比重上涨到接近 50% 的水平。在此之后，资本收入的比重一直呈现波动上升的状态。

再来看"超级代理人"现象。美国经济学家认为，从 20 世纪 80 年代以来，工资不平等上升是美国总体收入不平等再次上升的主要贡献部分，工资不平等的上升体现在技能劳动与非技能劳动的工资差异上，而造成技能溢价提高的正是技能偏向型技术进步。皮凯蒂研究发现，高收入和高工资收入的增加主要反映的是"超级代理人"的出现，即大公司的高管，他们可努力从自身劳动中获得极高的、空前水平的薪酬待遇。从 2000 到 2010 年，美国最富裕的前 0.1% 的群体中，绝大多数由高管组成。

由此可以看出，美国的贫富差距主要由两个因素引起，一个是资本收入与劳动收入差距在扩大，华尔街通过全球化在全世界收割利益，而普通劳动者则因为产业空心化等原因陷入收入增长停滞；另一个因素是劳动收入分配的不平等，公司高管与普通员工、技能劳动与非技能劳动之间的收入差距扩大。

四、数字红利和数字鸿沟，哪个对收入分配影响更大?

未来，科技革命将如何影响分配，关系到每一个人的人生选择。资本可以自我积累，可以自然生利，而当资本积累到一定程度，就不再需要多少人力资本的投入，通过金融运作、理财投资也能永葆增值。这就带来了一个对现代社会的严峻挑战：存量财富可以转化为资本，而资本又可以继承并带来资本性收入，如果资本收入在经济总收入中占比越来越高，那就意味着依靠存量财富的人获得收入越来越多，那么通过劳动和奋斗改变人生命运的空间就会被压缩。

未来之所以精彩，就在于它不被目前的存量所完全决定，而是能够凭借奋斗来塑造无限可能性。这应该是我们对于未来发生的科技革命的期许，也是我们要来分析科技革命如何影响财富分配的原因所在。

现在，我们已经有了分析贫富差距的两个基本框架，一个用来分析资本收入占总收入的比重，我们得到了一个简单的公式，即：$\alpha = s \times \dfrac{r}{g}$。这个公式告诉我们，当资本收益率大于经济增长率时，资本收入在经济总收入中的比重就会越来越大，存量财富的自我增值就会不断压缩劳动收入的空间。另一个框架用来分析技术进步对收入分配的影响，一般而言技术进步具有两种效应，即资本偏向型技术进步和技能偏向型技术进步，当技术进步产生资本偏向时，会增加资本收入比重；当技术进步产生技能偏向时，会增加高技能劳动者收入，从而拉开高技能劳动者与普通劳动者的收入差距。但随着技术扩散以及普通劳动者通过"干中学"提升技能，这个拉开效应会逐渐缩小。

通过这两个框架，我们可以大致来分析以 5G 通讯、大数据、云计算、人工智能等为代表的新一代信息技术将如何塑造未来的收入分配格局。

从收入分配角度来看，未来的科技革命会是一把双刃剑，既可能加剧贫富差距，也有弥合贫富差距的积极因素。具体而言，首先，未来的科技革命会促进经济增长率提升，从而降低资本收入在经济总收入中的比重，但同时，也会更加促进大企业对资源的集中和垄断，形成科技寡头。

随着 5G 通讯、数据中心等新基建不断铺开，未来基于 5G 的技术创新将趋于活跃，也将通过自动驾驶汽车、智能制造、物联网等技术延伸到生产领域，并通过人工智能赋能各个产业，从而提高生产率。我们知道，经济增长率等于资本、劳动力、技术进步三者增长率的加权之和，资本和劳动力属于要素投入，对于经济已经发展成熟的国家来说，天花板已现。而且全球主要国家的人口的增长率也在减少，未来能够使得经济增长率获得大幅提升的只有科技革命一途。

在公式 $\alpha = s \times \dfrac{r}{g}$ 中，随着未来科技革命促进经济增长率 g 提升，资本收入占经济总收入的比重 α 将相应减少。也就是说，未来的科技革命在缩小资本收入和劳动收入差距上将扮演积极角色，发挥正面作用。

但是另一方面，未来的科技革命也会更容易让资源集中于科技巨头，从而加剧资本收入和劳动收入的不平等。在万物互联的时代，"数据"成为一个重要的生产要素。数据的特点是难于收集、但易于存储和转让，这使得数据的汇集会产生马太效应，科技巨头掌握的数据资源会像滚雪球一样越滚越大。就拿大数据而言，大数据技术需要海量的数据存储、运算设备提供硬件支持，其运算模型设计需要最顶尖的计算机人才。因此，大数据是一项门槛极高的信息技术，而且数据越多，预测得就越准，产生的效应就越大，这也决定了只有科技巨头才能成为真正的玩家。这就会使得数据的集聚具有自我加强能力，最后使得科技巨头不断具有寡头化的特征。现在，美国的苹果、微软等纷纷突破万亿美元市值，尤其是苹果的总市值相当于俄罗斯整个股票市场总市值还多。这样的趋势在未来的智能化时代，可能会更加突出。显然，就此而言，在缩小资本收入和劳动收入差距上，未来的科技革命又具有反向的作用力。

其次，未来的科技革命更加具有技能偏向型的特点，明显会有利于掌握新技术的高技能劳动者，这会扩大贫富差距。但是另一方面，互联网的开放共享特征，以及数据流动必然加速技术扩散效应，也会起到缩小贫富差距的作用。

未来的科技革命会更加具有技能偏向型的特点，新一代信息技术对于各个产业的赋能，更多体现在"无形的"层面，通过算法进行"看不见"的优化，所以需要更多能够与算法、机器学习相匹配的高技能人才。未来，那些能够很快掌握智能技术并做到良好人机协同的高技能人才，明显将更加抢手，相应的收入也会更高。从这个方面来说，未来的科技革命将会拉大高技能劳动者和普通劳动者的收入差距。

但另一方面，未来的物联网和万物互联时代，互联网将更加展现出开放、共享的特征。我们知道，工业文明是"封闭"的，因为要保守技术秘密，从而获得超额收益。但互联网、智能化文明与之截然不同，互联网必须要确保最大限度把全球人口联入网络，这使得开源成为互联网不同于工业社会的新特点。谷歌通过安卓系统免费共享，迅速崛起成为全球移动手机的主流操作系统。互联网的开放共享特征，在未来将会大大强化，这会带来一个客观效果，就是全球数字鸿沟将进一步消失，技术扩散效应将会以更快的速度展开。这样的话，每个人都可以在高度发达的网络中学习新知识，甚至从被动的接受者变成主动的玩家。遍布在中国农村的"淘宝村"，以及农村青年通过快手、抖音成为网红、改变命运，都是这种学习效应、逆袭效应的典型体现。从这个方面来说，未来的科技革命又会缩小高技能劳动者和普通劳动者的收入差距。

最后，未来的科技革命也可能产生一些始料未及的"意外后果"。比如，如果机器人革命成功，也会明显具有资本偏向型的特点，机器替代人将在各领域发生。如果人工智能取代人工的步伐加快，以及机器人开始在生产车间逐步取代人，那就会有更多人从现有的行业转入服务业。在这个过程中，不具备学习能力的人将会失去工作，唯有善于学习、并适应机器算法的人才能胜出。在这种情况下，科技革命可能会极大加剧贫富差距。当然，这种情况发生的前提，是强人工智能获得大面积应用，目前来看强人工智能到来的"奇点"仍然遥遥无期，因此，从近景来看，只需要考虑弱人工智能应用的场景。

总之，如果以 5G 通讯、大数据、云计算、人工智能等为代表的新一代信息技术在近景未来大面积应用，引领科技革命发生，那么生产效率的大幅提升会提振目前陷入低迷的全球经济增长，而经济增速的提升、经济蛋糕的做大，会降低资本收入在经济总收入中的比重，从而缩小资本收入与劳动收入之间的差距。同时，随着互联网向物联网转变，人们有更多机会获得收入提升，这也会缩小贫富差距。但同时也需要抑制科技寡头对财富的垄断，需要防止高技能劳动者与普通劳动者之间收入差距的扩大。

第五章

数字时代，
人工智能在哪些方面
不能取代人类智能？

"我的工作会被人工智能取代吗？"大数据给很多职业带来了焦虑。我们将尝试找到人工智能替代人类智能的边界，即寻找人类智能不可替代的独特优势在哪里，让每个人都能成为更好的自己。

知 识 要 点

1.在认知方式上，大数据分析强调"样本＝总体"的全归纳法，同时运用"相关关系"替代"因果关系"。基于数据智能在认知方式上的本质，可以尝试找到其不可突破的局限。

2.忽视因果关系、只追求相关关系，则无法识别"伪相关"的问题。有三种模式可能会导致"伪相关"。其中共因是非常典型的一种。如果C是A和B的共因，那么A和B只是表面上表现出"伪相关"，改变A就很难影响B。

3.与人工智能相比，人类智能具有三个重要的特点：

第一，大数据和人工智能是大样本学习，属于"大数据、小任务"，那么人类智能具有小样本的学习能力，属于"小数据、大任务"；

第二，大数据和人工智能偏向于对事物本身的认知，人类智能则能够发明概念、建构逻辑，具有把握语义、虚构故事、创建抽象理论体系的能力；

第三，与大数据和人工智能建立在算法之上不同，人类智能还具有某些不可解释的"神性因素"，比如创新灵感、精神力量等。

4.可以从两个层次来理解不确定性，一个层次的不确定性是客观上的未知带来的不确定性，另一个层次的不确定性则是主观认知是否意识到客观的未知。据此，可以把事物分为四类，即："已知的已知""已知的未知""未知的已知""未知的未知"。

5."未知的未知"，指那些我们不知道，而且我们没有意识到自己不知道的事情。这样的事情是完全超乎人的意识之外的事情，是最难根据过去的信息进行预测的事情，但又可能是随时起飞的"黑天鹅"。这一类"我们不知道自己不知道"的事情，也是人工智能预测未来时的短板，因为这类事情根本不可能从已知世界的信息进行预测。

以大数据、云计算、物联网、人工智能等为代表的新一代信息技术，被认为是第四次科技革命的引领性技术。托夫勒在1980年的《第三次浪潮》中预言："如果说IBM的主机拉开了信息化革命的大幕，那么'大数据'则是第三次浪潮的华彩乐章"。现在，托夫勒的预言已经应验了。

淘宝知道我们的购物习惯，微信掌握着我们的朋友圈，百度知道我们在关心什么。数据！数据！手机里APP的信息推送，也不再是被动式的接受，经过大数据采集和算法处理，符合人们特定偏好的信息会精准送到指尖。这些都是大数据已经做到的事情。而在未来，随着5G通讯的发展和数据中心的建设，万物互联将有可能实现，数据的体量将比现在更大，数据的采集、分析和处理能力比现在更强。产业界人士在畅想，未来的工厂不再是沾满油污的机器和满身灰尘的工人，而是窗明几净的环境下，机器人和智能制造在自己忙碌，工人在厂房外用数据监控着生产流程。汽车将变成今天的智能手机，那时自动驾驶汽车会通过卫星定位、算法系统解决驾驶问题，人可以从驾驶中解放出来，让汽车变成一个移动而智能的生活空间、娱乐空间。

医生，律师，会计，记者，卡车司机，股票交易员……究竟哪个行业会被人工智能代替？大数据、云计算和人工智能冲击最大的，不是产业，而是人本身。当数据大到一定规模之后，数据洞见可以转化为精准的预测，使得很多智能问题可以转化为数据处理的问题，计算机开始变得聪明起来。谷歌公司的 Alpha Go 战胜了世界围棋冠军李世石，机器学习、深度学习、神经网络等算法技术对人类智能产生了深深的心理冲击。海量的数据、精巧的算法和运用数据进行自我学习的能力，使得人工智能展现出前所未有的应用前景。

但是这一次科技革命，很可能并不像历史上发生的历次科技革命那样只是产业更迭，它可能第一次在经济活动的供给侧使得机器智能取代人类智能。以前只是用机器取代人力，这次是取代智能。人的主体性受到了前所未有的挑战。这也带来了一个关于未来的重大问题：大数据以及数据化支撑的智能化，是不是万能的？或者说，大数据和人工智能的边界在哪里？如果我们能找到这个边界，那么在边界之外，我们就知道人的价值在哪里。

这需要我们换一个视角，重新审视大数据以及数据化支撑的智能化。

一、从认知方式的重构来理解大数据和人工智能

数字，古典文明里都有着神秘甚至神圣的意味。中国的

《易经》讲究"万物皆有数",把"数"当成理解事物规律、预测未来的依据,正所谓"象生于数,数生于理,故天地万物之生皆祖于数"。古希腊的毕达哥拉斯,也提出"万物皆数",认为数是万物的本原,事物的性质是由某种数量关系决定的,万物按照一定的数量比例而构成和谐的秩序。

如果说古典文明为数字蒙上了神秘的面纱,那么大数据技术则解开了这层神秘的面纱。

今天,大数据对于社会公众来说并不陌生,也没有必要再花精力来具体阐述大数据技术。我们可以用3个"V"来概括大数据的特点:Volume(大量),海量数据,大数据之所以称"大",就是因为它处理的不是样本,而是全体数据;Velocity(高速),处理速度快,一般要在秒级时间范围内处理海量比特的数据,这也是大数据处理和传统数据处理的最大区别之一;Variety(多样),数据来源复杂,数据类型繁多,诸如文档、视频、图片、地理位置、主观偏好等都可以数据化,真可谓"万物皆数"。目前,大数据以及数据化支撑的智能化,已经广泛应用于信息搜索、信息推送、广告传播、人群定位、网络预定、共享经济等各个方面。

我们现在来认识大数据和人工智能,如果只是从应用场景出发,就会陷入平庸模式,无法跳出来认识数据化智能的本质特征。我们必须换一种更高的维度来认识大数据和人工智能,用一种哲学的视角、从认知方式和思维方式的角度来理解大数据和人工智能，才能认识到数据化智能在哪些方面可以取代人类智能，在哪些方面不能取代人类智能。

从认知方式上来看，大数据分析强调"样本＝总体"的全归纳法。以归纳为核心的实证研究取代逻辑演绎，成为现代科学的主要方法。但是归纳法最大的弊病在于无法穷尽一切样本，因此无法保证结论的准确性。样本的选取，决定了归纳的准确程度。但是样本选取，无论如何精心，也难以回避幸存者偏差、分布不均匀等问题。就拿2016年美国大选来说，美国主流媒体大多预言希拉里会赢，这种声音一度占据压倒性地位，但是社交媒体上特朗普的呼声更高。结果是特朗普赢得大选。这是因为，随着媒体的分众化传播，传统媒体吸引年龄大的人，而年轻人喜欢在社交媒体上直抒胸臆。显然，这就是样本选取偏差带来的归纳偏差。但是大数据可以解决这个问题，因为大数据不选取样本，随着人类处理数据能力的增强，它使得穷尽所有可以获得的数据成为可能。

美国畅销书作家维克托·迈尔指出，当数字数据洪流席卷世界之后，"每个地球人都可以获得大量数据信息，相当于当时亚历山大图书馆存储的数据总量的320倍之多。"这就更不用说，像谷歌、脸书、亚马逊、阿里巴巴、腾讯等世界科技巨头每天能从全球信息交互中掌握以天文数字计的数据。大数据在认知方式上追求全归纳法、整体性、系统性，也决定了大数据在应用中体现出共享机制、流动机制、集中处理机制等特点，这是从各个领域都可以看到的。

从认知方式上来看，大数据的另一个特点是运用"相关关系"替代"因果关系"。凡事有因必有果，有果必有因，这是人类特有的思维方式，也是人类智能认识世界规律的根本方式。但是大数据分析并不苛求"因果关系"，因为因果关系非常难以界定，也一直是哲学界争议的重大课题。比如，哲学家大卫·休谟把因果关系解释为习惯性联想，比如"太阳升"和"路面热"并不是前因后果，只是二者总是相继出现而形成的联想。大数据分析似乎延续了休谟的分析，它可以非常敏锐地捕捉两个变量之间的相关关系，但并不能给出明确的解释路径。这使用的是一种"黑箱方法"，只需要知道两个变量具有相关关系，通过黑箱一端输入，从另一端输出，不需要知道黑箱的具体机制。这种在海量数据中发现两个变量相关性的能力，通常也被称为"机器洞见"。

比如，沃尔玛公司总是将库存的蛋挞和飓风用品放到一起销售，这是由于沃尔玛公司注意到每到飓风来临时，手电筒和蛋挞的销量都会激增。只需要通过大数据来确定"蛋挞"和"飓风用品"销售的相关性，而不用问具体的因果作用路径，就可以实现捆绑销售的目的。再比如，2016 年美国大选期间，剑桥分析通过大数据助力特朗普当选，也是通过大数据分析来寻找生活习惯与政治倾向之间的相关性，进而进行精准的政治广告投放。其中有一个关系很有意思，就是喜欢某种特定口味饼干的人往往具有很强的反犹色彩。谁也说不清楚这其中的作用机制，如果依靠人类智能，也许永远也无法发现两者的相关性，但是大数据分析可以在抽象的数据层面寻找它们的相关性。

大数据使得统计学寻找相关关系的魅力大为增加，维克托·迈尔说，"因果关系这样一种线性思维的存在，是由于人们没有办法经验到和某一类事物相关的全部信息；一旦人们采用大数据分析，作为整体而存在的社会经验就会呈现出前所未有的效用，因果关系不再为人们所沉迷，取而代之的是一种'相关关系'"。

从认知方式上来说，大数据还有一个特点，就是通过海量数据采集，尽可能掌握各方面的"完全信息"，并通过数据建模，对未来产生尽可能准确的预测。吴军在《智能时代》一书中将之概括为"用不确定的眼光看待世界，再用信息来消除这种不确定性"。吴军举了一个例子，2009年，美国疾病控制与预防中心的科学家和 Google 的工程师共同发表了一篇流感预测论文，通过各地区用户在 Google 上搜索与流感有关的关键词的趋势变化，预测流感流行到什么地方了。Google 的工程师们从 4.5 亿种关键词的组合中，最终挑出 45 个重要的检索词条和 55 个次重要词条（归并成 12 类）作为特征，训练了一个线性回归模型预测 2007 年和 2008 年冬季流感传播的趋势和地点，并且将机器预测的结果和疾病控制与预防中心公布的数据进行比对，发现准确率高达97%以上。

这一点也很好理解，以前因为掌握的信息不太多，所以预测的准确性大打折扣。通过大数据，可以尽可能减少主观认知与客观世界的信息不对称，也就可以减少不确定性，通过大数据来提高对未来的预警能力。尤其是在云计算能够形成数据中心之后，这一点使得大数据能够广泛应用于各个领域。比如，智慧城市里面的智慧交通，大数据可以适时掌握各个路段的交通情况，还能根据收集的数据精准预测未来哪个路段比较堵车，提前采取措施；在数字金融中，蚂蚁金服和支付宝可以掌握大量中小企业的经营数据，对其经营前景、信用记录和可能风险全景掌握，可以解决传统银行给中小企业贷款的信息不对称和风险控制问题，从而解决中小企业贷款难这个世界性难题。

事实上，当前的机器智能主要是大数据驱动的智能，本质上也是这样一个过程：采集数据，建立模型，训练数据，形成拟合，预测未来。实际上，这也可以算作当规模大到一定程度以后的神奇反映。

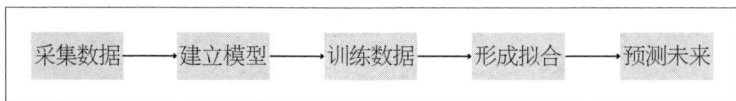

采集数据 —— 建立模型 —— 训练数据 —— 形成拟合 —— 预测未来

大数据预测的过程

再往前发展，大数据以及数据化支撑的智能化，还将迎来新一轮突破，这其中有几个非常有利的外部条件。首先是5G通讯将逐步在世界各国组网，5G并不是4G的简单迭代，而是革命性的变化，5G一秒钟可以传输10G比特数据，而4G只能传输100M数据，提升了100倍。5G能够以更快的速度传输更大量的数据，这使得万物互联的物联网成为可能，使得需要快速交互的新产业成为可能，比如自动驾驶汽车、工业互联网等。其次是数据中心和云存储已经成为各国的战略选择，以后每一个领域都会形成集中采集的数据，这将产生哪些化学反应，值得人们期待。最后还有人类训练数据能力的大幅提升，"算法"将更加丰富，现在已经使用基于神经网络的深度学习等方法训练数据，将来可以和人脑研究等生物科技结合起来，使得人类挖掘数据洞见的能力得到跃升，这将极大促进数据智能的提升。

　　因此，人们喜欢从"数据""算法""算力""场景"四个角度来讨论大数据和人工智能。"数据"是必不可少的生产要素，"算法"是处理数据、训练数据、获得数据洞见的计算机程序，"算力"则是用算法处理数据的硬件指标，天下武功、唯快不破；"场景"则是指未来大数据和人工智能能够获得应用的领域。随着数据资源越来越多，算法越来越聪明，算力越来越强大，场景越来越丰富，大数据和人工智能将有可能引领新一轮的科技革命。

　　未来，我们可能只需要把身体数据上传，"算法"就可以通过比对医疗大数据，告诉我们身体状况和治疗方案；在企业投简历、面试后，"算法"就可以形成是否录用的意见；在最新的信息输入后，"算法"就可以从数据库里面调用以前的文章形成新闻稿件……随着大数据向前发展，这些应用场景将不再是科幻想象，很可能会逐步落地。这就越来越逼近一个关系每个人的问题：大数据以及数据化支撑的智能化，将在多大程度上取代人？或者说，在我们想象大数据的应用场景时，能否从更大的层面来思考，大数据不能做什么？

我们不应把答案寄托于大数据和人工智能目前还没做到的事来回答这个问题。比如，很多人会说机器智能难以有意识或情感，这些问题悬而未决，随着大数据和人工智能技术进步，未来机器是否具有意识或情感，也或未可知。由于大数据发展迅速，算法每天都在自我迭代，机器学习还能够自我训练，数据智能将来还会不断进化。我们要摆脱"术"的层面，从"道"的层面、更高的维度来回答这个问题，即基于数据智能在认知方式上的本质来找到其不可突破的局限。这才是有力的回答。

主要有两个方面，一是忽视因果关系、只追求相关关系，则无法识别"伪相关"的问题，甚至带来人工智障的认知问题；二是在面对"未知的未知"时，即那些我们不知道、并且不知道自己不知道的事物时，人工智能和人类智能一样无助，但人类的想象力这时将发挥不可替代的价值。

二、打开大数据分析的黑箱：相关关系不能替代因果关系

柏拉图在《理想国》中作出了一个著名的"洞穴隐喻"：有一群从出生就被铁链锁住、固定在洞穴中生活的囚徒，洞中只有一个火堆，他们只能背对火堆，火堆的后面有人手举各式各样的雕像来回走动，囚徒能看到的只是洞壁上的影像。直到有一天，一个囚徒挣脱了锁链，走出了洞穴，看到了耀眼的光，也渐渐明白那些影像是火投影的结果。最终他开始慢慢适应阳光的照耀，学会观察事物本身，晚上也会抬头观看天空上的月亮和星星，再然后可以直接观察太阳，明白了岁月的更迭和季节变化的原因，感到前所未有的喜悦。

通过"火的投影"这个形象的比喻，柏拉图想告诉我们：平时人们目之所见、耳之所闻，有可能只是事物的"表象"，并不是真实的世界。把"洞穴隐喻"用之于今天的大数据以及数据化支撑的智能化，同样可以引起如下的追问："机器之眼"看见的相关关系，究竟是"火的投影"，还是事物本身？大数据是不是站在火堆后面挥舞雕像的精灵，故意让我们陷入表象的世界？

统计学发展起来以后，寻找两个变量之间的相关关系，就成为统计学的主要内容。这使得"相关关系"和"因果关系"的争论一直伴随着统计学的发展。大量认知心理学的研究表

明，提取因果关系是人类认知的核心特征之一，因果关系也是人类理解世界的根本方式。大数据的兴起，使得相关关系获得了更广泛的应用。从学理意义上来说，大数据可以分析任何两个变量之间的相关性，可以绕过人类追求因果链条的冗长过程，直接让我们来认识两个变量之间的相关关系。

必须承认，"机器之眼"有可能发现人类智能照见不了的"隐秘联系"。很多学者认为，"大数据思维"有可能形成全新的"科学范式"，按照库恩《科学革命的结构》的理论，形成渗透到各个学科的思维方式。从"科学始于问题""科学始于假想"，到"科学始于数据"。图灵奖得主吉姆·格雷提出数据密集型科研方式将成为实验科学、理论推演、计算机仿真之外的科学研究第四范式。这是继定性研究、定量研究、计算机仿真研究之后的第四范式，运用数据科学对数据进行采集、存储、分析和管理，以拓展人类的认知边界。

但即便如此，相关关系也不能取代因果关系，而且也不能解决自身在认识论层面存在的缺陷。相关关系有可能只是一个表现出来的结果，并未揭示变量之间的深层结构。有三种模式可能会导致"伪相关"。

一种是链结合 A → C → B，这个关系模式中，大数据会发现 A 与 B 相关，但实际上是 A 作用于 C，C 再作用于 B，A 并不直接作用于 B。

一种是叉结合 A ← C → B，在这个关系模式中，A 和 B

都与 C 相关，C 是 A 和 B 的共因。由于 C 的存在，才使得 A 和 B 在数据统计上表现出相关性。C 在统计学上也往往被称为混杂因子。

一种是对撞结合 A → C ← B，在这个关系模式中，A 和 B 都指向 C，如果只关注 C，则可能会发现 A 和 B 存在一种伪相关的关系。

如果不打开大数据相关性的"黑箱"，去看看黑箱里面的具体机制是什么，仅依靠表面的相关性很容易陷入谬误。就拿叉结合 A ← C → B 来举一个具体的例子，比如，天气炎热之时，人会变得非常暴躁、易怒，这会增加社会的犯罪概率；同时，天气炎热也会促使人们吃冷冻零食消暑，这会增加冰激凌的消费。假设某一个地区夏天特别炎热，冰激凌的消费和犯罪率都在提升，大数据由此分析得出二者呈现正相关关系，进而得出"冰激凌的消费会促使犯罪"这样一个结论。这显然是一个荒谬的关系，因为冰激凌消费和犯罪率提升，有一个共同的原因，那就是天气炎热。在这个例子中，天气炎热是一个共因或者说混杂因子。如果不考虑混杂因子或者说共因，仅按照相关性来形成认识，则可能使得人工智能成为"人工智障"。

所以从某种意义上来说，大数据展示给人们的相关性，很有可能是"火的投影"，而不是事物的本来面目。这个世界足够复杂，所以科学家才会作出各种各样的假设、理论模型和解释路径，这都难以替换为简单的相关关系。

美国计算机科学奖得主朱迪亚·泊尔（Judea Pearl）系统论证了从数据中提取因果关系的数学基础，并由此获得2011年的图灵奖。泊尔把因果之梯分为三个层次，最底层是关联分析，中间层级是干预，最高层级是反事实推理。关联分析也就是广泛应用于大数据分析中的相关性分析，实际上就是判断两个变量之间的非独立性，进而找出能够拟合其关系的函数。但是"干预"才能揭示深层的结构，干预不再停留于被动地收集收据，而是思考主动作出改变后会发生什么。这是检验二者相关性是否牢靠的手段，也是让相关性能够获得应用的方式。

"干预"可以揭示大数据分析的另一个局限。因为没有因果阶梯中的"干预"来检验，那么相关性就可能无法得到应用。比如前面举的"冰激凌的消费会促使犯罪"的例子，如果发现了这个相关性，并按照这个相关性形成政策安排，那就会试图通过减少社会的冰激凌消费来降低犯罪率。最后一定是于事无补。因为二者本身就是伪相关，是因为共同的第三方原因所致。因此，为了使得人们可以根据相关性来制订方案，就必须主动进行"干预"，即在发现 A 和 B 的相关性之后，主动假设"如果不是 A，B 会怎么样"。比如"冰激凌的消费会促使犯罪"的例子，就要假设，如果冰激凌消费下来了，犯罪率是否会降低？又比如关于抽烟是否导致肺癌一直聚讼不断，那就要主动假设，如果某个人戒烟了，他患肺癌的概率是否会降低？在主动干预、改变前提条件之后，才能真正排除 A 和 B 两个变量是否是伪相关的关系。

　　大数据专注于分析相关性的第三个局限，是无法确定谁是因、谁是果。相关性是一种相互的关系，它并没有指出谁是自变量，谁是因变量。如果不能知道"谁导致谁"，那么人的思维就会陷入混乱。比如说，天气炎热时冰激凌消费和犯罪率同时上升，如果仅考虑相关性，究竟是冰激凌消费增加导致了犯罪率上升，还是反过来，是犯罪率上升导致冰激凌消费增加？在经济学中，常有这样的追问，是经济过热导致了通货膨胀，还是通货膨胀导致了经济过热？谁是因、谁是果，箭头的方向非常重要，因为只有了解"谁导致谁"，政策制定才知道是应该通过抑制经济过热来降低通货膨胀，还是通过降低通货膨胀来抑制经济过热。在这方面，贝叶斯的条件概率为人们提供了非常重要的数学工具，来区分判断谁是因、谁是果的概率更大。当然，这里面涉及非常专业的数学方法，此处不必赘述。我们只需要知道，相关性是相互的关系，即便是真相关，也需要找到谁是因、谁是果，才能使相关性分析获得真正价值。

　　所以说，如果要用好大数据和人工智能，我们不能停留在黑箱外面，迷信于黑箱的神奇力量。"谷歌大脑"成员丹尼·布里茨曾公开质疑深度学习的可解释性："深度学习就像炼金术，我们不知道其内部究竟发生了什么。我们需要更加严谨的态度。如果你知道某项技术背后没有可靠的科学理论作为支撑，你还会坐上飞机吗？"我们不能被"火的投影"迷惑，而要转过身去，看看谁在挥舞雕像，还要穿越炼金术的迷信，勇于打开黑箱，发现其中的作用机理。

写到这里，读者已经可以自动得出结论，大数据和人工智能不会完全取代人，人的逻辑建构能力、因果推测能力、对事物复杂关系的反事实推理能力，不是大数据相关性分析能够简单取代的，而恰恰能够与大数据分析形成互补。大数据形成的"数据洞见"，尽管可能存在"伪相关"的问题，但是可以给人以独特的启发、提供看待世界新的方式，如果辅之以人类的思维方式，则很可能产生出全新的认知图景。

三、人工智能 vs. 人类智能：从机器思维理解人类思维

图灵在破解恩尼格码时，产生了一个想法：机器为什么不能像人那样思考？图灵认为机器如果可以跑程序，那就可以像人类发挥思维一样，对世界进行理解、认知和推理。在"二战"阴云中的图灵，不会想到他的这个想法将开启一个新的时代。人类发明了人工智能，也不会想到人工智能发展到今天，会以人类智能潜在的替代者身份出现。

上面从认知方式的角度，分析了人工智能的特点。与人工智能进行对比，可以发现人类智能在认知方式上的独特性。

首先，如果说大数据和人工智能是大样本学习，那么人类智能具有小样本的学习能力。所谓小样本学习能力，就是人类

很容易从少数几个样本识别一类事物的本质，并在遇到类似事物时，可以迅速指认。比如说，儿童看到小狗和小猫后，就会记住狗和猫的样子，下回再碰到狗和猫，就可以迅速指认，不需要看到成千上万只狗和猫之后，才具备这种能力。

人类智能似乎能够自动过滤掉各种细节，从脑海里面建构一个抽象的实体。古希腊哲学家曾说过，再完美的尺子也不能画出真正的直线，因为真正的直线只来自于人类纯粹理性中的构建，现实中的直线都是不完美的。人类可以从现实杂多事物中提炼出那个完美的"形式"，并由此为现实世界"立法"。理性比经验更真实，而且是先验的。康德说这是人类先天具有的认知能力。

人工智能的认知世界里面，没有"先验"的理性形式，需要依靠大样本进行对比分析。比如苹果手机的人脸识别技术，在用户脸上投射超过 3 万个肉眼不可见的光点，绘制出一个专属于本人面部的深度图。解锁时，苹果将读取客户脸部的 3D 几何图，与此前的脸部数据图进行对比，图片相近，即可解锁成功。从某种意义上说，机器之眼需要 3 万个光点提供的数据来对人脸进行认知，这是一种大样本学习；与之不同，人类可能"只是因为在人群中多看了你一眼"，就能够记住一张人脸。

因此，人类智能还具有快速学习和灵活迁移的能力，人类能够将学习到的知识，迅速迁移到另一个场景中，这使得人类在面对复杂多变的外部环境时，具有更快的学习能力与适应能力。有人形象地比喻说，人工智能的特点是"大数据、小任务"，而人类智能的特点是"小数据、大任务"。

其次，大数据和人工智能偏向于对事物本身的认知，人类智能则能够发明概念、建构逻辑，具有把握语义、虚构故事、创建抽象理论体系的能力。尤瓦尔·赫拉利在《人类简史》中写道，智人与其他动物的本质区别，是人能够想象出虚构的概念、描述虚拟故事，这能让成千上万的人进行合作，于是创造了无数的奇迹。每一个民族都有虚构的神话故事，都生活在特定的精神世界中，都有机器和数据无法认知的价值观追求。

在语言学中，可以用"能指"和"所指"来表述人工智能与人类智能在这方面的不同。"能指"指语言的声音形象，"所指"指语言所反映的概念。比如，对于一根烟，大数据可以把它表征为高度、宽度、密度、颜色等客观数值参数，这就属于"能指"的范围；但人类在掌握这些"能指"的信息之外，还能掌握表征为热情、友谊、男人味、江湖气等多种抽象的文化内涵，这就是"所指"。这种精神世界千差万别、千奇百怪的混合指向，机器也许可以用数据记录，但是无论如何都理解不了、处理不了。

中国的禅文化里面有一句名言：以手指月，得月忘指。在这里面，"指"就是具体的表征工具，是"能指"，但是"能指"只是一个载体，它所表征的代表着精神意象的"月"，才是人类真正要领会的东西。正所谓，"此中有真意，欲辨已忘言"。

数字时代，人工智能在哪些方面不能取代人类智能？

语言只是人类虚构概念和故事的一个工具，语言背后的"真意"，才体现着人类智能的独特价值所在。

维特根斯坦说，世界是事实的总和，而不是事物的总合。事物是抽象的物理世界，而事实则是事物之间的抽象联系，是看不见的语义和故事。比如说，在对一幅画的视觉处理中，大数据和人工智能会通过数十万个点来采集图像，获得对于这个图画中"事物"元素的认知。但是人的理解则不同，人会观察物体在场景中的作用、物体与物体间的关系、人与物的关系、人与人的关系以及人与环境的关系等，并由事物间的关系得出某种抽象的"语义"。比如 20 世纪 30 年代的经典图画《摩天大楼顶上的午餐》中，城市的繁华、钢梁的危险和工人有说有笑的午餐构成了强烈的对比，人们从这些关系中，看到了美国自 20 世纪初期以来的时代风貌。大数据和人工智能可以精准分析每一个元素的位置、高度、色泽，但是它无法读出图画的"语义"。

最后，与大数据和人工智能建立在算法之上不同，人类智能还具有某些不可解释的"神性因素"，比如创新灵感、精神力量等。帕斯卡尔说，人类是一根会思想的芦苇。既为芦苇，何其脆弱；一有思想，天地皆宽。毫无疑问，人类智能具有某些人类智能自身都无法理解的"神性力量"。

这样一种力量说起来似乎虚幻，但一直伴随着人类的历史。创造灵感在数学突破、科学创新中发挥着重要作用，某一个难题的破解往往不是平滑的，而是突变的。看上去合乎情理，回过头来看却像毫无来由的艺术。牛顿看到苹果落地，由此联想到月亮与苹果都在天上，为什么月亮不落地而苹果落地，由此他在脑海里开展了思想实验，建构出了万有引力的公式；特斯拉在一个夕阳西下的黄昏，踏着落日的余晖背诵歌德的《浮士德》，由此灵光乍现，破解了交流电传输的秘密，开启了第二次工业革命。人类历史上有太多这样的时刻，突然而至的灵感，不知在哪一个不经意的瞬间会敲门。

在艺术的创作中，灵感更让人不可捉摸。中国古代诗人李白，人称"诗仙"，因其诗作飘逸奔放，尤其是醉酒之后，更可能打破既定的语法框架，创造出后人难以模仿的艺术体验。那种"我且为君槌碎黄鹤楼，君亦为吾倒却鹦鹉洲"的快意恩仇，应该是大数据难以模拟的"神来之笔"。

精神力量的作用，更是人类创造历史的动力。人类历史上的很多奇迹，如果按照理性计算的法则，根本不可能出现。比如，犹太人出埃及之后，在全世界流浪两千多年，很多犹太人在世界各地入乡随俗，语言变了、生活习惯变了，甚至身体发肤也变了，但是信仰没有变，对耶和华的信仰成为犹太人独特的精神标识。再比如，中国的红军长征，几万人的队伍，面对沿途敌人围追堵截，爬雪山、过草地、向死而生，走了两万五千里，绕着中国走了大半圈，创造了人类战争史上的奇迹。如果把红军的兵力、武器作为参数放到算法里面进行计算，可能得出的结论是不可能取得胜利；但因为红军有信仰、有信念，使得不可能变成了可能。

人类因为它所想象出来的信仰和梦想而伟大，由此具备数据算法无法计算出来的巨大精神力量。一旦激发出这种力量，一个人可以从平庸走向卓越。这样一种认知能力，也是机器所不具备、而人类自身也无法理解的。

四、大数据不能消除所有的不确定性："未知的未知"，是人类和机器的共同挑战

吴军在《智能时代》中提道，"用不确定的眼光看待世界，再用信息来消除这种不确定性"，这是大数据解决智能问题的本质。在吴军看来，世界的不确定性来自两个方面，一是影响世界的变量太多以至于无法用数学模型来描述；二是来自客观世界本身，不确定性是我们所在宇宙的特性。不确定性，是未来展现出的最为本质的特征，也是未来最为令人着迷之处。

我们知道，在通信领域，香农这位不世出的天才，用信息论将世界的不确定性与信息联系在了一起。在今天这个信息化时代，很少有人会去追问：什么是信息？大多数人听到这个问题，第一反应会把信息当成是对于自己而言的"新事物"。但信息并不是"新事物"那么简单。在香农看来，信息是不确定性的消除，换句话说，是信息使不确定的或然事物变成了确定

的事物。如果谁告诉我们，太阳明天从东边出来，那就不是信息，因为太阳从东边出来本身是确定无疑的事情；但如果谁告诉我们，明天会下雨，那这就是信息，因为明天是否下雨是或然事件，这个预报使得是否下雨的不确定性消失了。

从这个角度来看，大数据的一大魅力，正是对不确定性的消除。这表现在两个方面，一个是横向来看，大数据由于超强的数据采集能力，最大限度消除了社会的信息盲区和信息不对称问题。比如说，以前城市管理者对于城市哪个路段最堵车、哪个时点最堵车，缺少清晰的认识，现在只需要把各个路口装上传感器，就可以适时掌握所有路口的交通情况；以前经济监管者对于消费者的消费行为只能掌握面上的数据，现在通过线上消费平台的消费记录，可以掌握每个消费者的消费习惯和偏好。通过大数据，所有领域都可以形成全周期、全覆盖、无死角的信息全景图。由此也衍生出大数据消除不确定性的能力，即根据掌握的全景数据，包括当前的和历史的，通过算法模型形成对未来的预测。比如，如果掌握某个城市过去一年的交通数据，就可以精准预测何时最为堵车，哪个路口通常堵车。再比如上文提到的谷歌和美国疾控中心合作制作的 H1N1 流感的传染预测，都是这个模式。

这就带来了另一个重要的问题：大数据以及数据化支撑的智能化，是否能消除所有的不确定性？我们可以从两个层次来理解不确定性，一个层次的不确定性是客观上的未知带来的不确定性，另一个层次的不确定性则是主观认知是否意识到客观的未知。

这样一个划分非常重要。黑格尔在《精神现象学》里面揭示出人类智能的一个本质特征，就在于人类不仅能够对客观世界产生意识，而且能够把意识作为意识的对象，能够把自己的思想作为思想的对象。比如说，人和牛同时看见旭日东升，对于牛来说，旭日只是映在视网膜上的影像，而人则不仅能够"看见"旭日，而且能够意识到自己看见了旭日的这个意识本身。

这使得人类智能具有层次性。很多事情，在客观上存在未知，这是第一个层次；进入第二个层次，人类对于第一个层次的未知，还可以发生意识，即意识到这个意识，或未曾意识到这个意识，这就是知道自己不知道和不知道自己不知道的区别。按照这个逻辑，我们可以把事物分为四类，即"已知的已知""已知的未知""未知的已知""未知的未知"。

"已知的已知"，指那些我们知道，而且我们意识到自己知道的事情，比如说，我知道如何从家去单位上班，这件事我不仅知道，而且我对于自己知道这件事同样意识到了。"已知的未知"，指那些我们不知道，而且我们意识到自己不知道的事情，比如说，因为堵车情况、天气因素都会影响通行时间，开车从家到单位需要的时间是未知的，但我对于这个未知已经意识到了，是知道自己不知道。"未知的已知"，指那些我们知道、而且我们没有意识到自己知道的事情，比如说，中国古人经常讲"百姓日用而不知"，就是指这样一类习以为常以至于自己都不知道自己知道的那些事。最后是"未知的未知"，指那些我们不知道、而且我们没有意识到自己不知道的事情。这样的事情是完全超乎人的意识之外的事情，是最难根据过去的信息进行预测的事情，但又可能是随时可能起飞的"黑天鹅"。

为了理解这四种类型的事件，我们先来看一段美国前国防部长拉姆斯菲尔德说过的话：

> 世界上存在"已知的已知"，有些事，我们知道自己知道；我们也知道存在"已知的未知"，也就是说，有些事，我们现在知道自己不知道；但是也存在"未知的未知"，即有些事我们不知道我们不知道。放眼我国和其他自由国家的历史，最后一类事情，往往是最棘手的。

在这三个分类里面，我们很容易能够分析出，机器预测擅长哪些领域。可以看到，大数据预测最擅长于在"已知的已知"领域进行预测。因为在这个领域，所有的变量都在人的意识之中，所有的情况都有翔实的数据记录。这个领域就适合使用大数据分析，通过采集总量数据，进行算法建模处理数据，从而产生精准的预测。所以说，那些简单重复的工作最容易被大数据和人工智能取代，原因也在于此，因为在这些"已知的已知"领域，数据几乎可以消除所有的不确定性，实现精准的预测。智慧城市、智慧交通、法律文书等等领域，凡是具备"已知的已知"的特点，就都可以运用大数据实现精准的预测。

如前所述，大数据是"大数据、小任务"，人类智能体现出"小数据、大任务"的特点。人类智能，能够在接受很少数据的情况下，从中提炼出重要的信息，并能够适应环境变化产生很强的迁移能力，具有快速学习和灵活迁移的特点。例如常年漫雪的阿尔卑斯山和四季如春的武夷山其外观相去甚远，儿童无需太多的学习就能知晓前者是山，后者也是山，并将两者归为一类。尽管人们所面对的是一个形态各异且变化无常的外界环境，但只需要少量的数据样本，便可快速地提取知识。但即便这样一个对于人类智能来说的简单事物，大数据在海量数据分析后仍然难以企及。人类的这种在数据极少的情况下进行快速学习的能力，使得人类在应对复杂多变的环境时具有非常强的应变和预测能力。

最后是"未知的未知"领域，这个领域完全在人类理性光芒所能照亮的领域之外，人和大数据都难以产生正确的预测。塔勒布在《黑天鹅》一书中多次强调"未知的未知"。18世纪以前，欧洲所有的人都确信天鹅是白色的，因为这是世代相传、耳闻目见的"真理"；没见过黑色天鹅，自然无法预计世上有黑天鹅这东西。直到澳洲黑天鹅被发现，才彻底打破了这个"真理"。因为从来没有人见过黑天鹅，所以黑天鹅的存在，对于人类来说就是不知道这件事，并且不知道自己不知道。这样一个在人类意识之外的事物，不可能经由人类以前的经验来预测到。自然，对以往人类经验产生的数据进行分析，也不可能预测到这类事件的发生。

"未知的未知"每天都在发生，而且正如塔勒布所言，"你不知道的事比你知道的事更有意义"。20世纪90年代是音乐产业的好时代，唱片销量稳步增长，前途看似一片光明。在美国东北大学攻读计算机专业的18岁学生范宁，却有了一个想法：着手开发这样一款软件，它可以将所有的音乐文件网址放到一个集中的服务器中，并提供文件的搜索与检索，用户可以很便捷地在成千上万个音乐文件中，迅速找到自己喜欢的并将其下载到本地。这个新开发的音乐下载平台Napster上线后，改变了人们获取音乐的方式，从而改变了整个音乐产业。对于音乐产业而言，这个淹没在人海中的18岁大学生范宁，就是一个"未知的未知"因素。这个"新手"，是不可能从音乐产业既定的数据中预测出来的，无论这个数据有多么庞大，只因为这个"新手"在音乐产业的世界之外。

从上面的分析可以看出来，大数据预测、机器智能只有在"已知的世界"才非常有效。如果加上未知的维度，就不可能产生准确的预测。比如通过数据训练和深度学习，Alpha Go打败李世石，实际上围棋也是一个"已知的世界"，具有明确的规则、输赢的判断，无论围棋的走法多么变幻无穷，这总归是一个"已知的世界"。

比如，吴军提到的谷歌与美国疾控中心合作的论文，准确预测流感的发展轨迹。这其实也是在流感发生后，也就是当流感发生已经成为一个已知事件后，产生的预测能力。但是在流感发生之前，大数据和机器智能就很难预测流感何时会爆发这样一个未知事件。在疫情发生之前，大数据和机器智能仍很难预测疫情何时会发生，而这是一个"未知的未知"事件。

可以说，"未知的未知"是人类智能和机器智能共同的挑战。但面对"未知的未知"，人类的智能具有更强的迁移能力，同时人还具有非理性的直觉、大胆设想、无限联想等能力，这些能力对于预测意识之外的"未知的未知"因素，可能相对于机器智能更具有不可替代的价值。

第六章

数字时代，
人类组织形态如何兼顾
集中化与扁平化？

数字化实现了数据的集中，也促进了信息的扁平流动，因此也将改变我们每个人生活在其中的组织结构。未来的组织形态，将实现集中化与扁平化、中心化与分布式的双向运动与有机结合，既提升效率，又激励创新。

知 识 要 点

1.从处理数据的角度来看，集中化的组织结构是一种集中式的数据处理和决策机制，扁平化组织结构是一种分散式的数据处理和决策机制。

2.集中化与扁平化结构谁更有效率，取决于信息的完备程度，假设存在完美信息的情况，那么集中力量的计划经济会更有效率；假设不存在完美信息，目标具有不确定性，那么扁平化的分散决策机制更有效率，更能激发创造力。

3.大数据不能使计划经济复活，因为数据是客观的，但信息是主观的，数据、信息和知识三者的关系是"人们利用知识，处理数据，获得信息"。每个人的认知方式不同，同样的数据会解读出不一样的信息和意义。

4.信息从本质上说是主观的、实践的、分散的和隐含的。每一种算法只是体现了写下算法程序的那个人的思维方式，只是一种看待世界的认知方式，为了获取多样信息，"数据大脑"仍不能取代企业家独特的认知和想象力。

5.数据集中可以改造企业的"烟囱式架构"，打通数据壁垒，提高企业的运行效率。但是大数据时代，企业也更加需要创新，因此同时需要更加扁平化的组织结构，更加灵活、宽松、包容的氛围，以鼓励试错和创新。

6.未来的组织形式，将随着大数据发展而同时更加集中化和更加扁平化，形成集中化与扁平化、中心化与分布式的双向运动与有机结合，形成一种"数据集中＋分散创新"的模式。通过大数据技术把数据资源集中起来，不是为了取代人，而是更好地为组织里的个人发挥其独特创造力进行赋能。

谷歌前执行董事长埃里克·施密特和前高级副总裁乔纳森·罗森伯格合作写了一本书，叫作《重新定义公司——谷歌是如何运营的》，一度引起人们的广泛讨论：在大数据时代企业应该如何管理和运营？

在这本书里面，施密特和罗森伯格在讲到企业结构设计时，特别强调要"保持扁平"，"创意精英们之所以渴望扁平的企业结构，是因为他们希望多干实事，需要更多的自由"。显然，在扁平的结构之中，层级更少、管制更少、沟通更充分、跨部门合作更多，能够赋予"创意精英"更多的自由度，让他们更方便进行跨职能、跨部门互动，更好激发创造性和主动性。这也是谷歌能够不断推出创新产品、成长为全球科技巨头的重要原因。

谷歌的成功无疑说明企业结构扁平化、分散化更容易激发创新。但是随着大数据等信息技术发展，随着人类搜集、整合、分类、加工和处理大数据的能力不断增强，越来越多的企业管理者可以掌握企业的产品、销售以及市场的全景数据，也可以把财务、人力、管理等内部信息全部数据化，这使得集中的数据处理能够产生更高的管理效率。现在，政府部门、企业、社会组织等的数字化转型，进行数据的集中管理，已经成为新的潮流。

数字化似乎同时能够推动组织更加集中和更加扁平，但显然将改变企业的组织结构。这就提出了一个重大问题：未来，随着大数据、云计算、人工智能、物联网等新一代信息技术发展，企业的组织结构是更加集中，还是更加扁平？

实际上，从更大层面来说，这也是一个关于人类如何组织自己的问题。从经济运行的角度来说，现在无论是微观的企业决策，还是宏观的政府调控，都是建立在有限的信息基础上。随着大数据渗透度的加深，政府有可能适时掌握总供给、总需求、产业结构、物价、利率、汇率、就业、投资和储蓄、GDP增长等准确数据，在这样的情况下，我们的经济生活是否可以回到计划经济时代？或者说，在我们人类组织自己的经济活动时，是否应该从市场这样一个扁平化、分散化的机制回到集中化的计划机制？

这中间有一个共同的问题，从企业管理到政府治理，再到经济制度，以新一代信息技术为代表的新一轮科技革命为我们提出了这样一个问题：人类的组织形式，将会更加集中，还是更加扁平？

一、集中化 vs. 扁平化：谁优谁劣，要看信息的不确定性程度

处理好集中与分散、管制与自由、集体与个人的平衡，是任何一个文明生长的重要命题，也是进行组织架构、制度框架设计时需要考虑的重要问题。我们可以先来看看集中化与扁平化各有哪些不同的特点。

集中化，往往更加强调等级化，与科层制结合在一起，形成以"分部—分层、集权—统一、指挥—服从"为特征的组织形态。按照自上而下的权威顺序，规定组织层级、部门划分、职位设置、成员资格，形成非人格化的层级节制体系和部门结构。这样一种组织形态，满足了工业大生产的生产模式和管理复杂化的需要，在精确性、快捷性、可预期性等方面具有无与伦比的效率。集中化与等级化、科层制相结合，形成了一个严格的金字塔结构，在组织内部等级分明、职责明确，上层领导一声令下，大家按部就班、贯彻执行，这会产生非常高的动员能力和管理效率。

扁平化，往往更加强调分散化，要求减少金字塔的层级，打散严格的层级划分，使得自上而下的主导更多变为自上而下与自下而上的互动。从横向来说，扁平化也意味着职能部门之间突破藩篱，实现更加灵活高效的沟通。扁平化结构最鲜明的特征，就是给予组织成员更多尊重和自主性，上下级的关系不

再是森严的等级结构，也不再是"领导—服从"的绝对关系，而是更加讲究平等对话、合作协同。在集中化结构中，每个人都是金字塔的一部分，是一台巨大机器的螺丝钉，主要职责是执行上级指令，几乎没有自主空间。而在扁平化结构中，组织成员不只是被动执行上级指令，而是要激发自己的能动性、创造力和想象力，要去主动实现创意、完成使命。

放在大数据的语境下，我们可以用一个非常新颖而直观的视角来认识集中化和扁平化。从数据处理的角度来看，二者其实是不同的数据处理机制，集中化的组织结构是一种集中式的数据处理和决策机制，扁平化组织结构是一种分散式的数据处理和决策机制。集中化就是把数据和信息都收集到最高层进行集中分析、加工和处理，然后把集中决策从金字塔尖传递下去，各个层级、各个部门根据上面的统筹安排完成指定任务。扁平化则强调更多把数据和信息分散给各个成员，让各个成员掌握充足的数据和信息，以便更好发挥其主动性。如何运用知识、数据和信息，实际上构成了集中化和扁平化最为本质的不同。

是集中化更好，还是扁平化更好？实际上没有绝对的判断标准，现在也很难找到哪个经济制度只有计划、没有市场或只有市场、没有计划，也很难说哪个企业管理只有集中、没有扁平或只有扁平、没有集中。千钧将一羽，轻重在平衡。问题就在于，什么时候应该更偏向于集中，什么时候应该更偏向于扁平？在哪个领域应该集中，在哪个领域应该扁平？

对这个问题，诺贝尔经济学奖获得者阿瑟·刘易斯的一段论述具有启发意义：

> 为了达到某具体的目标，这类经济优越于无计划的经济，因为无计划的经济没有具体的目标。计划经济在形成战争力量方面是比较优越的，这就是战时各类经济所以全都纳入高度计划的原因。在施行高水平的资本形成时、在创建某一大产业部门或计划制订者给自己规定任何其他的单一目标时——如灌溉沙漠、建筑房屋或其他，计划经济也是比较优越的。如果没有必须集中努力去实现的单一目标，计划经济便不如无计划经济。因为在这种情况下，企业家个人作出的判断同在中央的计划制订者的判断会是一样的或优于后者；因为不存在经济应向哪里发展的单一方向，因此，最好让每个人根据自己所处的环境去自由地充分利用他所能得到的资源。无论企业家是私人还是政府官员，这一点都同样适用。

这段话论证的是计划经济与市场经济谁优谁劣的问题，但它实际上讲的仍然是数据处理的问题，因此对于思考人类如何组织自己具有普遍启发意义。刘易斯这段话其实是两个假设，一个假设是存在完美信息的情况，当目标是确定的、具体的和单一的，那么集中力量的计划经济会更有效率；另一个假设是不存在完美信息的情况，也就是只知道有限信息，在这种情况下，目标具有不确定性，事先并不能掌握一切信息，也无法预先判断方向时，就需要发挥市场经济分散决策的作用，充分调动每一个个体、企业家去充分发挥他们的聪明才智。

刘易斯这段话的启示在于，它把信息的完美程度作为判断集中化与扁平化各自适用范围的标准。简单而言，在信息完备时，集中式处理数据更有效率；当存在未知和不确定性时，则需要对数据和信息分散化处理，分散决策、多元尝试。经济学家田国强认为，"正是由于信息不可能完全被掌握，人们才希望分散化决策"，"分散化决策大大降低了信息处理和传递的成本，更有效地利用了经济信息"。显然，哪种方式更有效率，取决于信息是否完备或充分。

从企业组织演变的历史来看，可以大体印证这个规律。在20世纪60年代，最成功的企业大多是采用效率型管理模式，即效率型企业。效率型企业具有集中化组织结构的典型特点，具有层级制、官僚式的组织结构形式，主要任务就是坚持标准化程序，把现有产品生产得更多更便宜，因此生产目标具有近乎完美信息的特征。企业就像一台加满油的满负荷运转的机器，按照管理层指令完成生产任务即可。到了20世纪90年代，创新成为企业能否在市场竞争中脱颖而出的关键。在既有产品中打价格战、质量战，已经不足以支撑企业可持续发展。企业必须开拓新产品，或在既有产品上作创新增量。这就要求企业必须面对未知，面对不确定性，原来那种完美信息的前提不存在了。这时候，最成功的企业组织是创新型企业组织。创新型企业不再追求绝对的集中化，而更具有扁平化特征，具有开放、柔性、灵活、宽松的管理特点，以应对未知、激发创新。

从企业管理的演变可以看出，当生产、销售的信息比较完备时，集中化的效率型组织更好；但是当生产什么、如何生产，必须要面对未知、需要创新时，那么扁平化的创新型组织更好。科学史上有一句名言：原子弹最大的秘密就是知道它能造出来。一项尖端技术只要被人突破，那么模仿者只需要集中力量赶超就行；但如果还未突破，那么能否获得突破、在哪个方向获得突破，就是未知的了，先行者就必须选择不同的进路进行尝试，以增加成功的概率。

由此来看，如果把集中、管制和扁平、分散看作两极的话，人类在选择用哪一种方式进行组织和管理时，取决于实现目标的信息是否完备。把这个问题置于未来数据革命的语境下，会引发对于未来组织形态的全新思考。按照摩尔定律，当价格不变时，集成电路上可容纳的元器件的数目，约每隔18—24个月便会增加1倍，性能也将提升1倍。随着芯片植入生活的各个方面，随着大数据的渗透率越来越高，随着人类处理数据的能力越来越强，我们是否在经济生活、企业经营等方面获得完美信息？这会怎样塑造人类未来的组织形态？

这个问题关系到各个方面，我们可以选取大家最为关心的两个问题进行回答。一个问题是人类如何组织经济活动，一些经济学家畅想，经济学理论赖以存在的有限信息前提已经改变，计划经济有可能全面回归。大数据时代，我们是否还要坚持市场经济？换言之，我们是否还需要经济活动中的扁平化、分散化机制？另一个问题是企业如何进行组织管理，企业生产什么、如何生产，能否完全交给"算法"？换言之，大数据和人工智能时代，企业该如何把集中化和扁平化的优势结合起来？

我们可以先来看第一个问题：大数据时代人类如何组织经济活动？

二、计划经济不能搭乘大数据的东风卷土重来

从 20 世纪 80 年代以来，以前实行计划经济的社会主义国家纷纷实行改革，建立市场经济体系。随着大数据的发展，人们对这一历史进程产生了新的理解，一些经济学者包括高科技企业家，认为计划经济向市场经济过渡，是因为当时的技术条件难以处理庞大的经济数据。沿着这个逻辑向前推导，大数据有可能会逆转人们对计划经济的认知，使得集中处理海量经济数据成为可能。

据此，有的高科技企业家认为：大数据时代的出现让人类进入了万物互联的时代，取得对数据进行重新处理的能力也远远超过过去，对世界的认识将会提升到一个新的高度，大数据让预判和计划都成为了可能。因此，我们需要对计划经济和市场经济进行重新定义，市场经济不一定会比计划经济更好。一些经济学家也提出了理论上的支持，由于大数据具有极大量、多维度和完备性等特征，数据的极大量和完备性有创造完全信息的可能，数据的多维度则为获取准确信息提供了可能。经济管理部门可以运用大数据得到总供给、总需求、产业结构、物价、利率和汇率、就业、投资和储蓄、GDP 增长等准确数据，从而能够作出高效率的产业规划，精准的宏观调控，在不同企业之间精准地分配资源。

大数据的优势不言而喻，数据集中处理的好处也显而易见。但是大数据的诱惑，是否意味着人类组织经济活动的方式需要回到计划经济？

其实，这还是在回答哈耶克提出的那个经典的问题：是将所有应被利用的但原来分散在许多不同的个人间的知识交由一个单一的中央权威机构来处理，还是把每个人所需要的附加的知识都灌输给他们，以便他们的计划能与别人的计划相吻合呢？在大数据时代，这其中的"中央权威机构"可以替换为"数据大脑"或"智慧大脑"。在大数据时代，这个问题也可以简化为：大数据以及数据化支撑的智能化，能否集中处理原来分散在许多不同的个人头脑里的知识？这实际上隐含的假设是，计划经济之所以还不能实现，是因为技术水平还没有达到足够精准配置资源的程度。在大数据的帮助下，当一个社会能够做到精准配置资源时，计划经济是可能的。

必须承认，随着 5G 通讯的发展，芯片、传感器、通信终端、定位系统将越来越深入地渗透到经济社会的方方面面，万物互联的结果是万物的数据化，图像、音频、交易、消费习惯等等都可以数据化，"数据大脑"能够掌握的经济数据可以说无远弗届、无孔不入。同时，由于数据直接通过网络获取，因此可以越过以前计划经济时代的官僚层级，确保数据的客观性和真实性。

这将会对经济运行产生巨大的积极影响。主要体现在三个方面，一是可以使得政府的宏观调控更加精准，政府经济部门可以掌握经济活动的全周期数据，这使得货币政策、财政政策、产业政策等宏观政策可以更加有针对性，取得更好的效果。二是可以形成全覆盖、无死角的数字征信系统，企业法人、个人法人的信用信息都可以数据化，形成数据库，成为经济活动的通行证。一个非常鲜活的应用是在疫情冲击下数字金融的发展，由于可以掌握中小企业经营的全周期数据，所以数字银行可以对中小企业进行很好的风控，不用面对面也可申请贷款，帮助企业渡过难关。三是数字化给经济监管方式、政府治理方式、市场交易方式等带来巨大变革，由于掌握大量的经济数据，政府部门可以在数字虚拟世界进行模拟，从而对很多问题形成高度准确的预见性。同时，来自不同领域的经济数据集中起来，这本身将打破信息孤岛，打破条块分割，从而更好实现经济调控的协同。

尽管如此，数字化确实将在很大程度上优化宏观调控，但这并不意味着经济的"数据大脑"可以把所有的微观经济活动都接管起来。换句话说，这并不意味着市场经济退回到计划经济。这其中，一个根本的原因在于，数据是客观的，但是经济运行还必然要涉及人的主观认知和思维方式。

数据、信息和知识三者的关系是"人们利用知识，处理数据，获得信息"，这种关系不能倒过来，也就是说，数据本身不意味着信息，也不意味着知识。不能把经济数据的处理完全交给算法，正是因为每个人的认知方式不同，对数据的理解不同。最简单的例子，面对同样一只股票，有人看涨，有人看空，市场是复杂的，每个人都有其"默会性知识"，使得对客观数据作出不同的解读。

比如说，手机触屏技术早已成熟，这项技术在老牌手机制造商诺基亚管理层眼中一文不值，但在乔布斯看来，这项技术可以敲开智能手机时代的大门，可以演化出一整个移动互联的世界。同样的，假设把手机触屏技术作为数据收集起来，经过大数据系统来处理，"算法"也不能计算出这项技术可以做出智能手机，并风靡全球，彻底改变手机产业的格局。可以说，意识到需求结构变化，能够想象新产业、创造新需求的，是企业家基于他所掌握的数据作出的判断，这个过程无法用算法进行替代。因为每一种算法只是体现了写下算法程序的那个人的思维方式，只是一种看待世界的认知方式。其他人会如何认知这些数据，属于己所独知而不为人知的范畴。

由此也可以看到，信息从本质上说是主观的、实践的、分散的和隐含的，使用大数据并不能改变信息的这些基本特征，换句话说，大数据即便能够收集所有客观数据，也无法提供完美信息，因为从数据到信息，这个过程需要人的认知方式参与其中。信息是人们在行动过程中不断地被发现的，有时候甚至以一种非常隐秘的方式被少数企业家所掌握，主观的信息无法传递给大数据的操控者，这也意味着精准配置资源的不可能性。

正因为此，即便"数据大脑"能够掌握所有的宏观数据、行业数据、金融数据，也不能指望"数据大脑"设计出能够完全正确的产业计划。"算法"能够根据已有的数据，对既定的产业做出"精准的"资源配置，但是如果要寻求创新，则仍然需要企业家的分散决策和多元尝试。美国著名政治学家、"软实力"概念的提出者约瑟夫·奈举了一个关于页岩油的例子。21世纪初，世界上绝大多数人认为未来属于新能源，大学、科研机构、能源企业大多把目光放在风能、太阳能等清洁能源上。但谁也没有想到的是，一场巨大的能源革命在传统的化石能源领域静悄悄地发生了。这就是美国的页岩油、页岩气的成功突破。页岩油、页岩气使得美国一跃成为全球最大的能源生产国之一，不仅是一场能源革命，而且是一场地缘政治革命。假设由算法来分配资源，并根据已有的数据制定精准的产业政策，那么在新能源占据舆论主导的环境下，很难对传统能源行业进行大规模投资。这个例子也说明，"数据大脑"即便可以掌握所有的数据，也不能推算出新产业会在哪里率先突破，这需要企业家利用自己的洞见进行分散决策。

从市场经济产生以来，如何处理政府"有形之手"与市场"无形之手"的关系，就一直是经济制度的主要问题。由以上分析可以看出，"数据大脑"即便解决了集中式采集、处理数据的技术问题，也不能替代市场经济扁平化的分散决策机制。综合起来看，未来人类组织经济活动的方式，将应该是大数据系统集中处理数据与更加充分发挥市场主体能动性之间的平衡。

也就是说，大数据可以改变和优化"有形之手"与"无形之手"互动的方式，从而更大程度提升经济运行的效率。政府治理可以从两个维度进行评价，一个是范围大小，一个是能力强弱。在市场经济制度下，政府的经济职能是有边界的，也就是有范围限制的。数字化可以对政府的经济治理能力进行赋能，增强政府的经济监管和调控能力，与此同时，仍然谨守政府与市场之间的边界，使得"有形之手"在其边界之内变得更加强大。比如宏观调控的精准性更强，经济政策的预见性更强，调配资源的能力更强，对危机和突发事件的预警能力更强。但与此同时，政府的"有形之手"也不越出边界、全面接管微观经济活动，而是运行"有形之手"更强的经济治理能力对市场进行赋能，让市场能够更有效运转，让市场主体能够获得比以前更多的数据支持，从而能够更好激发其创造活力。

总之，大数据不会让"有形之手"吃掉"无形之手"，而会同时对"有形之手"和"无形之手"进行赋能，使得二者能够更好互动。

三、大数据可以改变企业的"烟囱式架构"，但创新需要更扁平的企业组织结构

很多企业都面临这样的问题：数据沉淀和数据应用处于"烟囱式架构"，数据不标准、不规范、不统一、未打通、服务化不足，各个部门经常"重复造轮子"，这些直接导致了业务的困扰和技术资源的低效。于是，企业的数字化转型势在必行，可以把企业的数据上云，或是放到一个数据池子，通过更加集中处理数据，来解决"烟囱式架构"的问题。

大数据使得企业能够把生产、销售、利润、财务、人力等经营方面的数据进行集中处理，使得企业管理产生质变。这至少在两个方面改变了企业的经营管理。一方面，从企业的生产

和销售来说，大数据可以非常精准地、全面地收集企业的销售数据，从而洞察消费者偏好，这又反过来可以逆向优化企业的生产。现在的流行的柔性制造，根据淘宝等电商平台反馈的数据，进行匹配消费者喜好的定制化生产，就属于这种类型。另一方面，从企业内部的管理来说，大数据可以把财务、人力、法务等信息汇总到一个数据池之中，这可以减少企业的层级、打掉枝枝蔓蔓的部门设计，从而优化企业治理。

企业进行数据的集中式处理，好处是显而易见的，可以优化内部治理结构、提高运行效率，并快速响应外部变化。但是企业生产什么，如何生产，怎样创新，却不能完全交给算法。因为"算法"是在已有的数据中寻找洞见，却难以察觉到"意外"的发生。而恰恰是对"意外"的关注，是企业创新的突破点。

管理学大师彼得·德鲁克在《创新和创业家精神》中，把创新的来源分为七类，前四个来源存在于单位内部。这四个来源分别是：

出乎意料的情况——意外成功，意外失败，意外的外部事件；

不一致——实际情况与预期状况之间不一致，或者与原本应该的状况不一致；

以程序需要为基础的创新；

产业结构和市场的结构的改变，出其不意地降临到每个人身上。

另外三个来源则可以说是来自外部，分别是：

> 人口统计数据（人口的变化）；
> 认知，情绪和意义的改变；
> 科学的及非科学的新知识。

德鲁克从历史上创业者成功或失败的案例中发现，那些能够捕捉变化（包括意外、不一致或产业结构改变）并且能够预知这一变化意味着什么的人，往往能作出巨大的创新。在大数据时代，企业获取数据的能力大幅提升，这使得企业的数据中枢很容易通过数据捕捉变化，比如销售数据可以非常清晰地展现消费者偏好的改变。但是如何来解读数据变化的意义，则需要发挥人的想象力。换句话说，按照德鲁克对创新来源的划分，现在的创业家、创意精英可以与算法进行合作，由算法通过大数据来捕捉变化，创业家、创意精英则对变化进行理解。

算法和大数据还不能把握的变化，是"认知，情绪和意义的改变"。从数学意义上来说，"杯子是半满的"和"杯子是半空"这两句话没什么差异。但是它们之间的意义却全然不同，因此，所产生的结果也完全相反。如果一般认知从把杯子看作是"半满的"转变为"半空的"，那么，其中就存在了重要的创新机遇。这就是人类社会的独特之处，人类社会很难完全区分客观与主观、唯物与唯心，因为任何客观的事物必须经过人的认知才能成为人所理解的世界。这使得人类社会存在着这样一类奇特的现象：当认知发生变化时，事实本身并未变化，但其意义却改变了。

德鲁克举了一个经典的案例，当父母不再把自己视为工人阶级，而是把自己视为中产阶级时，他们在子女教育上的消费就会大幅增加。其实，父母的经济状态与之前并无变化，这是因为当把自己定义为中产阶级时，就会认为子女能够接受更好的教育，从而改变自己的阶层身份。由于认知改变而带来的意义变化，从而引起人的经济行为的改变，这也是大数据难以把握的"隐秘知识"，而需要人类洞幽烛微的认知能力。换句话说，为了捕捉创新的机遇，企业不仅需要通过集中式的数据处理来把握变化，还需要更加扁平的结构，激发员工的创造性来解读变化的意义。

同时，在需要把握偶然事件和未知事件的影响时，大数据也会显得力有不逮。比如，出现科学的及非科学的新知识，由这些新知识来推断出新的发明创造或者新产业、新产品，也不是通过大数据能够计算出来的。

在《重新定义公司——谷歌是如何运营的》这本书里面，作者讲述了一个谷歌广告算法如何诞生的故事：

2002 年一个周五的下午，拉里·佩奇发现谷歌搜索结果中的广告与他输入的搜索词条完全不沾边。拉里把自己不喜欢的搜索结果打印出来，贴在公告板上，然后便回家了。

一位名叫杰夫的搜索引擎工程师碰巧看见了公告板，虽然广告根本不属于他的管辖范围，但他的团队决定牺牲周末时间解决这个问题。周一清晨，他们作出了一份解决方案，其中的核心理念成为谷歌 AdWords（关键词广告）引擎赖以生存的基础。由此，一项价值几十亿美元的业务应运而生。

这样一种处理方式，具有典型的扁平化特征。可以假想谷歌的创始人拉里·佩奇如果按照传统的等级化方式来处理这件事：把广告搜索的问题通知给公司的管理层，管理层向下传达，这一信息终于传递到负责广告的团队。广告团队根据领导的指示，拟订改进方案，然后按照等级层层上报到管理层，管理层提出修改方案之后，再提交拉里·佩奇和董事会商讨。这样一个集中化、等级化的处理方式，每一次上下传递都需要冗长时间。效率的损失并不算什么，更为严重的是，拉里·佩奇和广告团队之间隔了很多层级，无法直接沟通，广告团队的很多创意，很可能在层层传递中被过滤，在拉里·佩奇还不知道这些创意的时候，这些创意就已经在科层制的信息流动中被屏蔽了。

但是拉里·佩奇选择了用扁平化的方式来解决这个问题。把问题打印出来，公示给所有员工，这就是一种扁平化的沟通方式，绕过了所有的管理层级；同时，这也在激励广大员工都来出点子、想办法，显然是激励员工分散决策、多元尝试。这个传奇故事印证了这样一个观点：扁平化的企业组织结构更能激发创意。

实际上，扁平化和分布式的组织结构，更容易调动每一个节点的主动性、积极性，属于多中心运作，能够对外界的变化形成更快的响应。新一代数字化技术的运用，为这种多中心运作提供了更好的技术基础。现在云计算领域流行的边缘计算，即采用网络、计算、存储、应用核心能力为一体的开放平台，就近提供最近端服务。就像人体一样，人脑是智慧的中枢，但并非所有的问题都依赖人脑决策，身体中的很多问题，都是附近组织就近解决的。边缘计算可以更好支撑扁平化结构、分布式运作，对新出现的诉求和问题能够就近提供解决方案，从而能够以更快速度、更好效率、更高灵敏度实现响应和创新。

总之，大数据使得企业可以集中化处理数据、优化企业管理和经营，但创新仍然需要更加扁平化的组织结构，更加灵活、宽松、包容的氛围，以鼓励试错和创新。未来的企业结构，将在数据集中化处理与创意扁平化激发之间寻求平衡。

四、未来的组织形式，"集中化"与"扁平化"有机结合

芬兰赫尔辛基的电子游戏开发商 Supercell 员工总数不超过 200 人，却制造出《部落战争》、《卡通农场》和《海岛奇兵》等刷屏网络的手机游戏，2015 年 APP 畅销排行榜上 TOP 10 的游戏中，Supercell 开发的游戏占据了榜单一半以上。是什么使得这家规模只能算小型的游戏公司斩获年税前利润 15 亿美元，号称"世界上最成功的手游公司"？

原来，Supercell 采取了一种"数据中台 + 小团队开发"的管理模式，把大数据集中化和创新需要扁平化的优势结合起来了。所谓"中台"，即运用大数据技术，设置了一个强大的技术平台，一个资源整合和能力沉淀的平台，把这家公司以前在游戏开发过程中公共、通用的游戏开发素材、算法沉淀为一个数据池。中台的资源整合和协调支持，既对不同的部门进行总协调和支持，避免了部门之间的职能重复，又能为每个小团队专注创新提供充足的基础性和技术性支撑。显然，"数据中台"是典型的集中化结构。

所谓"小团队开发"，则是在实际工作中，Supercell 的员工以 2—7 人的小团队进行独立开发，开发什么样的产品由团队自己决定，研发成功后最快时间推出测试版本，试探游戏是否受用户欢迎，如果不受欢迎，团队迅速放弃这个产品，再进

行新产品开发。这样的扁平化结构能够最大限度发挥小团队的灵活性，分散决策还能够更多激发小团队的创意。

正是有了"数据中台＋小团队开发"的管理模式，Supercell 的"细胞"才得以非常灵活地运转，形成整体协同、高效散兵作战模式。

Supercell 采取的管理模式，可能正是未来企业管理的一种理想模式，即运用大数据技术，把集中化和扁平化的优势恰当地结合起来。其实集中化和扁平化并不是绝对的对立关系或替代关系。这其中的关键就在于，运用大数据集中处理数据，从而能够更好地为员工发挥其创造力进行赋能。把公司积累的资金、经验全部沉淀为数据，并放在一个池子里面。这样，一个普通员工，就能和高层管理者获得同样的信息，获得同样的资源支持，这样可以极大激发员工的自主性以及实现其创意的能力。Supercell 通过"数据中台＋小团队开发"的管理模式，任何一个创意、一个 idea，都不必层层上报，直接从"数据中台"获得整个公司的资源支持。集中化的"数据中台"为分散的小团队赋能，扁平化的结构使得创意团队绕过繁文缛节直接获取大数据支持，这样就能给予创意最大的资源支持、最快的落地速度。

事实上，通过大数据技术把集中化和扁平化的优势恰当地结合起来，这可能是大数据时代人类组织形式的理想模式。这其中尤其需要避免的思维陷阱，是认为大数据无所不能，因此应该用"算法"来代替人的思维，用集中化的某个"数据大脑"来控制并调配资源。大数据技术对于经济运行的改进，不是运用大数据来复活计划经济，不是用"算法"来代替在市场中进行创造性思考的个人和企业家，这实际上也不可能实现。正确的打开方式，是运用大数据的集中化优势更好为市场主体进行赋能。"有形之手"与"无形之手"仍然需要边界清晰，大数据可以让有形之手更加强大，从而为市场的无形之手发挥作用更好进行赋能。

比如说，政府如果能够更加精准地掌握总供给、总需求、投资、消费、经济增速等各方面的准确信息，宏观调控就能更加具有针对性和预见性，政府政策工具的使用就会有更高的效率。但是随着大数据收集数据能力的增强，这里面尤其需要注意防止"理性的自负"借由大数据而回光返照。政府部门在通过大数据掌握更多经济数据之后，更需要懂得敬畏市场，懂得数据并不能代替分散在市场中的企业家的想象力。面对未知时，大数据可以为企业家或创业者想象新事物提供参考，但不能取而代之。正确的路径，是政府运用大数据技术把各个条块的经济数据集中起来，从而能够为市场提供更高效的服务。

这实际上，有点类似于企业管理中的"数据中台＋小团队开发"的模式。从经济运行宏观层面来说，政府部门运用大数据技术打通部门阻隔、集中经济数据，这实际上形成了一个庞大的"数据中台"，而分散在市场海洋中的各个企业，则更像是无数个有着自己独特认知、进行多元尝试的"开发团队"。"数据中台"不会取代"开发团队"，而会为开发团队更好实现其创意提供无与伦比的数据支持。

行文至此，想起了科斯对企业的定义，企业是市场海洋中的小岛。我们可以把大数据集中起来的数据池想象为这样一个大海，而企业则更像是海洋里的丰富多彩的各种生物一样，会在数据资源的哺育下，各自按照它的生命方式获得生长。海洋有容乃大，但不必取代各种生物，而可以为各类生物提供更加丰富的资源支持，使得这些生物能够更加野蛮地生长起来，形成无比丰富的生态。

所以说，未来，人类组织形式将会更加集中，还是更加扁平？答案可能会出乎意料：未来人类的组织形式既会更加集中，也会更加扁平，是集中化与扁平化、中心化与分布式的双向运动与有机结合。二者不是必居其一，而是一种相辅相成的关系。通过大数据技术把数据资源集中起来，这是不可阻挡的未来趋势，但这不是为了取代人，而是在用大数据打破烦琐的科层制之后，更好地为组织里的个人发挥其独特创造力进行赋能。

第七章

数字时代，
数字货币将如何改变
金融体系和你的钱包？

　　随着数字经济的兴起，基于区块链技术的数字货币也将获得广泛流通。数字货币将在拓展金融应用场景、改革金融监管方式、颠覆跨境支付体系等方面产生影响，同时也会改变每个人的财富观念和理财方式。

1.区块链具有分布式账本、不可篡改、可追溯、去中心化等特点，这使得基于区块链的数字货币技术，可以实现顶对点交易、智能合约等功能。

2.比特币由于缺乏国家主权背书，因此币值不能保持稳定，总是大起大落，使其难以承担货币必须具备的价值储藏、交易媒介和计价单位这三项基本职能。同时，比特币还存在交易延迟和高耗能性等缺陷，这都使得比特币难以在大范围内承担起货币的角色。

3.脸书公司推出 Libra（天秤币），试图弥补比特币的缺陷，一方面用线下资产为 Libra 背书，避免币值大幅波动；另一方面依然运用区块链实现"去中心化"的点对点交易和智能合约。脸书公司推出

Libra 的目标简单而又宏大："在全球范围内转移资金应该像发送短信或分享照片一样轻松、划算，甚至更安全"。

4. Libra 引起了全球金融监管的关注，监管层的担忧主要集中于三个方面：首先是脸书发行 Libra 会在全球范围内带来数据隐私问题，其次是 Libra 将来可能会带来金融垄断和监管难题，最后是 Libra 可能会降低发展中国家的货币主权，使得扎克伯格成为世界的货币沙皇。

5. 中国在发行和设计央行数字货币方面走在世界前列，既采用目前数字货币的算法化、智能化的技术，同时用国家主权提供信用背书。中国版的央行数字货币将继续推动中国在移动支付方面引领世界潮流，实现货币政策的精准执行，并推动人民币国际化进程。

6. 数字货币并非万能，在改变金融运行方式、拓展金融应用场景、改革金融监管方式、颠覆跨境支付体系等方面将产生巨大影响，但数字货币是否能够替代美元霸权，则是一个需要交给时间来回答的问题。

网上流传一句话，打败你的从来都不是对手，而是新手。这句话在金融领域同样适用。更高明的竞争不是在已知的世界里打转转，而是要先创新升维、后降维打击。对于从"二战"以来就建立起来的全球金融体系而言，它可能的颠覆者并不来自金融，而是来自科技。数字货币和区块链技术，正是这样一个潜在挑战者。

　　从 2008 年第一个比特币问世以来，比特币在很多人或是"看不懂"或是"看不起"的眼光里一路高歌，价格几度突破1 万美元。但比特币始终没有获得广泛的应用场景，也没有在世界范围承担货币的角色，而且也可以严格证明，比特币未来也难以替代法定货币。但全球金融监管机构和金融机构不必高兴得太早，数字货币也在进化，挑战还在升维。

　　2019 年 6 月，脸书公司发布《加密货币 Libra（天秤币）白皮书》，宣布要"打造一个新的去中心化区块链、一种低波动性加密货币和一个智能合约平台的计划"，"建立一套简单的、无国界的货币和为数十亿人服务的金融基础设施"。2020 年 4 月，Libra协会正式向瑞士金融市场监管局（FINMA）申请 Libra 支付系统牌照。Libra 协会称，启动申请流程是其进入运营阶段后的重要里程碑。这意味着 Libra 进入了离投入使用前的最后冲刺阶段。

扎克伯格的目标简单而又宏大："在全球范围内转移资金应该像发送短信或分享照片一样轻松、划算，甚至更安全"。自从发布 Libra 计划以来，扎克伯格和脸书公司就成为包括美国在内的各国金融监管机构的核心议题。Libra 在比特币基础上做了什么样的进化，是否能改变未来的金融架构？

同时，中国也一直在悄然推进央行发行数字货币的进程。2020 年 8 月，中国公布将在京津冀、长三角、粤港澳大湾区及中西部具备条件的试点地区开展数字人民币试点。从现在公开发表的论文和报道可以看到，中国央行已经在发行央行数字货币上申请数十项专利，而且中国的央行数字货币体系已经基本成型。在世界主要国家的货币中，人民币极有可能率先实现数字化。这如何推动人民币国际化进程，对美元主导的国际金融体系意味着什么？

金融是经济的血液，数字货币的冲击，将影响着金融的血液如何循环。抛开具体的技术细节，回到货币的本质，我们可以逐步揭开这些问题的谜底。

一、比特币实现了哪些金融创新

2008 年 10 月，中本聪向几百个密码爱好者群发布了《比

特币：一种点对点的电子现金系统》的经典论文；2009 年 1 月
3 日，中本聪挖出第一个区块，即所谓的创世区块，比特币正
式诞生。区块链和数字货币涉及密码学、计算机编程等很多技
术问题，我们可以不考虑这些底层技术，直接来分析区块链和
比特币具有哪些独特功能。

区块链，顾名思义是由"区块"和"链"组成的，区块是横
向的，链是纵向的。区块简单而言就是一个信息块，通过加密算
法记录着交易信息，如果区块的交易信息被认证、接受，那就可
以写入链条中，并发布给所有的节点，形成区块链。所以说，区
块链可以理解为一个严格按照时间顺序排列的交易信息记录簿，
而且分布在所有节点上。这使得区块链具有了以下独特的功能：

1.**分布式账本**。所谓"分布式账本"，就是交易信息不再
集中在一个第三方机构上，而是平等地分布在区块链上的所有
节点上。换句话说，每一个节点都记录着所有的交易信息。

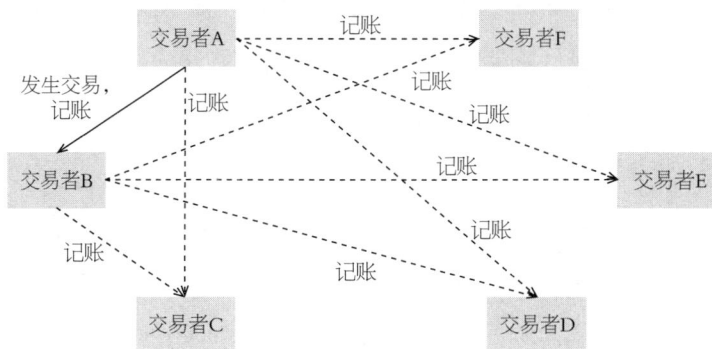

区块链的分布式记账

2.**不可篡改**。区块链上交易信息通过非对称加密算法进行加密，目前主要使用哈希算法，哈希算法的特点是加密非常容易，但是逆向倒退几乎不可能。更为重要的是，任何交易信息更改，都需要同时修改区块链上所有节点的信息，而且需要经过51%以上节点的认证、授权，才能更改。这使得写入区块链上的信息，具有不可篡改的特点。

3.**可追溯性**。区块链实际上是一个随着时间向前无限延伸的链条，每一个区块都会生成一个不变的时间戳。由于区块链的不可篡改性，每一个区块上的时间戳也将永远不变，在沧海桑田中永远记录着交易发生的那一个时刻。这使得写入区块链的交易信息，可以不变地记录、清晰地追溯。

4.**去中心化的点对点交易**。区块链的分布式记账、不可篡改和可追溯性，归根结底都是为了实现"去中心化的点对点交易"这个目标。不需要第三方权威机构进行信任背书，通过点对点直接实现交易。这其中，数字货币就呼之欲出了。数字货币实际上就是区块链上的共识机制，通过数字货币这个媒介，可以在区块链上完成交易。

区块链横空出世，使得数字货币以全新面目出现，成为金融体系的一个挑战者。区块链和数字货币带着上述新功能，实现了哪些金融创新？我们还是回到常识层面寻找答案。金融史巨著《价值起源》开篇写道，人类社会4000年以来的"这个看似令人眼花缭乱的金融创新过程的基础只是一些简单的道理"。任何金融创新都几乎围绕着这样三个基本要素来进行：一是价值的跨时期转移；二是就未来的偶然结果达成契约；三是使得价值交换变得更容易的可转让性。如何理解这三个方面？比如第一个方面，股票、债券等证券工具，就是很方便地"实现了价值的跨时期转移"，使得人们可以在时间链条上配置资源。比如第二个方面，像利率机制、远期结汇等，就是实现了"就未来的偶然结果达成契约"，实际上是增加了未来的确定性。第三个方面更好理解，像支付宝、微信支付、数字钱包等，就是"使得价值交换变得更容易"。从这些"第一性原理"出发，我们可以来分析数字货币帮助人类解决了什么问题，如何推动金融创新。

区块链和数字货币的共识机制，可以自动执行约定的计算机程序，保障了金融交易的高效低成本运行，使得任何交易只要约定好时间，就可以在区块链上自动执行，这就实现了"就未来的偶然结果达成契约"的功能。依靠共享账本和加密算法，确保在没有中心化机构的帮助下，自主、自治地保证账务的真实准确，实现了点对点的去中心化交易，让"使得价值交换变得更容易的可转让性"实现了更大的飞跃。同时，只要写入区块链的信息，都能确保不可篡改、可以追溯，这就使得区块链可以用于解决金融交易中的"存证"难题。同时，由于所有的信息都平等分布在区块链上，所以使用数字货币交易可以避免信息不对称，可以帮助解决中小企业融资难的世界性难题。

正因为此，追捧者把数字货币视为通往未来世界的桥梁，视为哈耶克式自由主义的实现载体。哈耶克在晚年最后一本经济学著作《货币的非国家化》中提到了把自由竞争引入到货币发行的构想，允许私人企业发行货币，并自由竞争，这就是"多元货币竞争理论"。截至 2016 年，全世界大概有 714 种数字货币，市值近 138 亿美元。自由主义一直把政府视为"必要的恶"，如今数字货币与区块链的发明，是否真的可以实现去中心化、去中介化的彻底自由状态？

二、货币的本质是什么，比特币为什么难成货币？

讲到货币的本质，网上流传着一个真实的段子。美国一位四星上将在西点军校毕业典礼上，拿出一张 100 美元的钞票说，美国印这张钞票的成本只有 10 美分。美国用成本 10 美分的一张纸，换回别的国家好几百块钱，换回一大堆东西，为什么别的国家要咬着牙来接受这种不公平呢？这位四星上将对西点军校的毕业生说，就是因为你们，并说出了一句意味深长的话：谁要敢挑战我们这张纸，你们就该去打仗了。

这个堪称经典的毕业演讲，实际上揭示出货币本质的几个关键要素。首先，货币本身没有价值，货币的价值在于人们对它的信念；其次，货币的信用不是天赋的，而需要国家利用主权对其进行背书，也就是需要第三方的权威机构进行背书。没有国家主权的背书，100 美元的钞票只是成本 10 美分的纸而已。这两个关键要素，对于理解数字货币非常重要。基于区块链技术的数字货币，实际上要创造出一种创生货币的全新信任机制，即不需要权威机构背书，而是通过加密算法、点对点交易创造信用。

这是可以改变历史的创新思维。但问题在于，不需要第三方背书的信用，是否足以支撑数字货币履行货币的职能？

弗里德曼曾说过，货币是一种共识，共识具有公信力，无论是石币、黄金还是纸币，都因为大众无可置疑的信念而变得"真实且合理"。货币的信用可以有多种来源，并不必然来自国家主权。因为国家主权背书，也可能导致货币滥发、通货膨胀的问题。货币史上有这样一个故事：1990 年，阿根廷经历了超级通胀。当人们放弃纸质货币时，他们转而使用各自签发的借据，这些借据拿到当地天主教牧师那里寻求背书。这些借据之所以被信任而可以在一定范围内流通，是因为有天主教牧师的背书。这说明，货币的信用可以有多重来源，那么数字货币提供的思路，即高深的数学算法能否成为第三方权威的替代者？

任何一种货币，如果要在大范围流通，就必须履行三个基本职能，即价值储藏（store of value）、计价单位（unit of account）以及交易媒介（medium of transaction）。作为计价单位和价值储藏，货币形成了一个社会重要的记录系统。无论是诸如早期羊、大麦、金属铸币等具体物品，还是类似今天美元、英镑、元等抽象单位，记账货币都是衡量债务、信用或任何其他经济价值的基本单位，履行着货币作为价值尺度的职能，代表着人们普遍接受的某种价值单位。同时，作为交换媒介，货币本质上体现了发行者和持有者之间的债务—信用关系。货币具有两面性，它是发行者的一种债务（debt）或责任（obligation），也是持有者的一种信用（credit）或索偿权（claim）。国家是货币的发行单位，国家也有相应责任保持币值稳定。

历史上的货币，无论是黄金还是美元，如果要成为普遍的通货，必须履行这样三个基本的职能，前提条件则是保持币值的基本稳定。如果币值大幅波动，一种货币就无法成为价值储藏、计价单位或交易媒介。这恰恰是以比特币为代表的数字货币所缺乏的。

我们来看看比特币的情况，2009 年 10 月，1 美元相当于1309.03 比特币；2010 年 11 月 6 日，第一个比特币交易所成立，1 比特币相当于 0.5 美元；此后，比特币的价格出现飞跃式上涨，在 2013 年 11 月涨至超过 1000 美元的历史高点；2014 年2 月，当时世界最大的比特币交易所 Mt.Gox 被盗，引发虚拟货币历史上的第二次大熊市；到 2020 年，比特币的价格暴涨，又回到超过 1 万美元的高位。可见比特币的价格是极度波动的，而随机的、大幅的波动性，使得以比特币为载体的商业交易面临着极大的不确定性。

发明比特币的初衷，是想创造一个绕过第三方权威的交易体系，使得人类获得更大程度的自由。但也因为没有第三方权威的背书，比特币失去了稳定的币值，价格大起大落，容易被资本炒作逐利。于是，比特币偏离了作为货币替代者的初心，日益异化为可以用来炒作的资产。就像股票和房地产一样，人们希望从比特币的低买高卖中套利，而不是把它视为货币。

当然，币值不稳定只是比特币的最大缺陷。比特币还有其他缺点。比如，比特币的总数是有限的，中本聪在那篇经典论文里也提道，到2040年最后一个比特币挖出，数量的上限为2100万个。数量的限制额决定了如果比特币成为流通货币，它的命运也可能与黄金一样。黄金因为自然储量存在上限而被人类淘汰。比特币的另一个缺点在于交易延迟和高耗能性，由于所有的信息必须平等地记录在每个节点，而且每写入新的区块，都需要超过51%的节点进行验证，这使得比特币系统仅能支持每秒7笔交易，远远不能满足大规模应用需求。

但比特币并非数字货币的终点，数字货币仍在不断进化。针对比特币币值不稳定、容易被炒作的问题，也产生了两种改进的路径：一种是推出稳定币，通过与线下资产对应实现币值稳定；另一种是推出法定数字货币，国家可以发行纸币，也可以发行数字货币。这也是数字货币接下来的发展方向。

三、Libra 为何是比特币的加强版？

在人们差不多接受比特币只是一种新的"资产"时，脸书发布了《加密货币 Libra（天秤币）白皮书》，使得数字货币的话题再度兴起，引起了全世界范围的思考。脸书公司即将推出的 Libra，传承了中本聪点对点交易、去中心化的思想，借用区块链技术，而要克服比特币币值不稳定的问题。

脸书在白皮书中描绘了 Libra 的三个组成部分：一是建立在安全、可扩展和可靠的区块链基础上，二是以赋予 Libra 内在价值的资产储备为后盾，三是由独立的 Libra 协会治理，该协会的任务是促进这个金融生态系统的发展。相对于比特币、以太币等传统数字货币，脸书的创新点在于，"对于每个新创建的 Libra 加密货币，在 Libra 储备中都有相对应价值的一揽子银行存款和短期政府债券，以此建立人们对其内在价值的信任"。同时，在面对较大的监管压力之后，脸书公司在 2020 年发布了白皮书 2.0 版，主要作出了四个关键修改，特别提出"除了多货币稳定币系统外，新增单货币稳定币支持"，"以稳健的合规框架提高 Libra 支付系统的安全性"，都是着眼于维持币值稳定。

也就是说，脸书想要为线上的数字货币找到线下的资产背书，解决以往数字货币缺少信用背书的问题，从而消除数字货币币值的大幅波动性，让 Libra 承担起价值储藏、计价单位和交易媒介的通货职能。简单来说，脸书是想把数字货币和区块链分开对待，用线下资产背书解决 Libra 的币值波动问题，同时依然运用区块链实现"去中心化"的点对点交易和智能合约。显然，脸书想通过这种办法来打破数字货币的应用瓶颈。

脸书推出 Libra，实际上是要创造一种超越主权的世界货币。除了 Libra 相对于比特币的进化优势之外，脸书公司还有得天独厚的优势。脸书公司拥有的用户超过 24 亿，超过了全球总人口的 1/4。此外，脸书旗下的 Whatsapp 和 Instagram 也分别拥有 16 亿和 10 亿的用户。不仅用户数量庞大，最重要的是这些用户几乎散落在世界各地，这为 Libra 改变当前的跨境支付体系创造了条件。

当前全球跨境支付体系以 SWIFT（环球同业银行金融电讯协会）和 CHIPS（纽约清算所银行同业支付系统）为核心系统。SWIFT 是跨境金融信息传输服务的全球领导者和标准制定者，构建了涵盖 200 多个国家（地区）的金融通讯网络，接入金融机构超过 11000 家。CHIPS 则是全球最大的私人部门美元资金传输系统，也是所有私人部门美元跨境交易结算和清算的中枢神经。

目前跨境支付体系最大的问题在于效率低、延时长，有人举了这样一个例子："比如你看到一个巴西女歌手的热舞视频而感动，截屏她的打赏账户信息，委托招商银行，发一份

SWIFT 加密电文，指示纽约中国银行从招行户头上扣 1 美元，通过 CHIPS 系统转给花旗银行下巴西银行的户头，附带女歌手的姓名和在巴西银行的账号……这是疯了。"有了 Libra，就完全不一样了，给跨境的网红打赏，只需要从一个脸书账号转移一些 Libra 到另一个脸书账号即可，这个过程就像分享照片那样简单，就实现了跨境支付，免去了经过 SWIFT 的冗长过程。一旦 Libra 能够通过脸书的全球用户网络实现轻松的跨境支付，应用场景就不只是打赏这么简单了。只要是需要跨境支付的商业场景，都可以用到 Libra，也可借助 Libra 实现需要多国协调的贸易、金融事务。

完全可以说，跨境支付包含了多少应用场景，脸书的 Libra 就有多少潜在的应用场景。而且也可以由此推断，如果美国的监管者放行脸书的 Libra，那么 Libra 首先带来的冲击，就是改变当前的全球跨境支付体系，并且由此构建国际间新的商业应用场景。

但也要看到，从美国的参众两院，到国际监管机构——金融稳定委员会，再到欧洲各国金融监管机构，都纷纷表示，在未经严格审查的情况下，他们不会允许世界最大社交网络推出其计划中的数字货币。英国央行行长说，对待 Libra，应该敞开大脑，而不是敞开大门。事实上，Libra 会带来多方面已知的风险挑战以及未知的后果，对此也必须要有清醒的认识。

首先，脸书发行 Libra 会在全球范围内带来数据隐私问题。就在 3 年前，脸书深陷与美国大选相关的数据泄露丑闻，在用户的数据和隐私保护方面，脸书的信誉一直不佳。如果 Libra 将来能够吸引全球范围内的大量用户，那么脸书就可能掌握全球客户的支付习惯，谁能保证数据安全？

其次，Libra 将来可能会带来金融垄断和监管难题。脸书在全球拥有近 24 亿用户，基于用户优势，脸书发行 Libra 很有可能会迅速形成规模优势，甚至形成金融垄断，谁能制约脸书不滥用其垄断地位？与此同时，Libra 在方便跨境支付和交易的同时，如何确保它不威胁全球金融稳定？如何确保脸书对洗钱有足够的控制？

最后，脸书发行 Libra 可能会降低发展中国家的货币主权。正如有专家指出的，"任何平行货币都会在一定程度上削弱控制货币的主权机构"。假如一个国家的公民大量使用 Libra 进行商业交易和跨境支付，必将严重降低该国法定货币的地位，同时干预该国央行治理其金融系统和执行正常货币政策的能力。对此，英国《金融时报》指出，"Libra 这种系统的潜在风险将要求其接受最严格的审查"。这一点，尤其值得广大发展中国家警惕。

Libra 能否如愿发行，仍然面临着较大的不确定性。但 Libra 激起对于改变当前金融体系的想象力，已经让人们开始畅想未来。

四、中国版的法定数字货币将引领世界潮流

有种种迹象表明，中国在发行和设计央行数字货币方面走在世界前列。央行数字货币（Central Bank Digital Currency，简称 CBDC），又称法定数字货币，就是由一国中央银行发行的、具有法律效力的数字货币。既采用目前数字货币的算法化、智能化的技术，同时用国家主权提供信用背书。

从目前申请的专利和发表的论文来看，中国的法定数字货币设计框架和运行机制已经大体确立。中国人民银行数字货币研究所所长姚前撰文指出，"在价值维度上法定数字货币是信用货币"，"在技术维度上法定数字货币是加密货币"，"在实现维度上法定数字货币是算法货币"，"在应用维度上法定数字货币是智能货币"。

具体而言，在发行方式上，中国版的法定数字货币将采用"中央银行—商业银行"的双层架构，延续了现行纸币发行流通模式，中央银行负责数字货币的发行与验证监测，并将数字货币发行至商业银行业务库，商业银行受央行委托向公众提供法定数字货币存取等服务，负责提供数字货币流通服务与应用生态体系构建服务，并与中央银行一起维护法定数字货币发行、流通体系的正常运行。

在数据管理上，中国版的数字货币将采用最新的云计算和区块链技术。"私有云＋高性能数据库＋移动终端"与"私有

云＋区块链＋移动终端"，有可能是两个既关联又有区别的思路，也有可能会同时使用。中国版的数字货币有很大的可能性会使用区块链技术来拓展应用场景，但一定是经过改造后的区块链技术。央行数字货币是中心化的，在避免区块链去中心化特征的同时，也可以使用其全程留痕、不可篡改、可追溯性、智能合约、共识机制等特点，使得法定数字货币真正能够在区块链上实现智能合约。

在用户层面，中国版的数字货币将为每个人开通数字钱包，采取"前台自愿，后台实名"的原则。任何一种货币都需有具体形态和携带方式，数字货币也不例外。数字货币作为一串由特定密码学与共识算法验证的数字，可以储存或携带于数字钱包中，而数字钱包又可以应用于移动终端、PC 终端或卡基上。人们通过数字钱包完成数字货币的存储、交易、借款、贷款等活动。

让货币价值更稳定，让数据更安全，让监管更强大，让个人的支付行为更灵动，让货币应用更智能，不仅能很好地服务大众，同时又能为经济调控提供有效手段，还能为监管科技的发展创造坚实的基础，这应是中国法定数字货币追求的目标。从功能而言，中国版的法定数字货币也将实现很多创新。

首先，在移动支付方面继续引领世界潮流。当前，中国的支付宝和微信支付已经在移动支付方面引领全球，如果中国版的法定数字货币如期发行，就会将本来就处于领先地位的移动支付再提升一个层次。法定数字货币具有法律效力，一方使用法定数字货币交易，另一方不能拒绝，这将继续拓展移动支付的覆盖人群。尤为重要的是，央行数字货币体系可以实现数字货币的脱网交易，即离线支付。支付宝和微信支付依靠银行账户，实际上还是要经过银行体系完成，所以在临时断电或网络失灵的情况下无法交易，但央行数字货币仍可以正常交易，双方只要在数字钱包上有支付设定功能，就可以完成交易。

其次，设计"触发机制"，使得货币政策执行更加精准。从公开论文看，中国版的法定数字货币系统，将在央行发行数字货币时设计"触发机制"，只有符合央行设定的发行条件，才能启动"触发机制"，成功发行数字货币。这将让央行拥有追踪货币流向的能力，从而可以建立精准执行货币政策、精准预测市场流动性的超级能力，也让打击洗钱、逃漏税等金融犯罪活动变得更简单透明。比如说，国家要求支持中小民营企业和实体经济，那么在使用数字货币发放贷款时，就可以把是否满足中小民营企业、是否是实体经济、是否实行利率优惠等作为"触发机制"的前置条件，从而使得国家的货币政策能够得到精准执行。

最后，更进一步推动人民币国际化，实现中国金融发展的换道超车。2015年，人民币纳入国际货币基金组织特别提款权（SDR），标志着人民币国际化迈出了重要一步。在金融学的研究中，通过对大量国家的计量研究发现，一个国家GDP占世界的份额与其货币在国际交易中使用的比例大致相当，但中国和美国都是特例，也恰好是两个极端，美元在国际交易中的比例远高于美国在世界经济中的比重，而中国的人民币在国际交易中的比例则远低于中国在世界经济中的比重。比如2018年8月，SWIFT人民币全球交易使用量升至2.12%，但是2018年中国的经济总量占世界16%，这一反差说明人民币国际化仍然任重道远。而通过在法定数字货币上先行一步，中国有可能走出一条推动人民币国际化的新路。

中国国际经济交流中心副理事长黄奇帆认为中国版的法定数字货币拥有五全基因，即全空域、全流程、全场景、全解析和全价值，足以能够颠覆现有的金融体系。所谓"全空域"是指打破区域和空间障碍；所谓"全流程"是关系到人类所有生产、生活流程中每一个点，每天24小时不停地信息积累；所谓"全场景"是跨越行业界别，把人类所有生活、工作中的行为场景全部打通；所谓"全解析"是通过人工智能（AI）的收集、分析和判断，预测人类所有行为信息，产生异于传统的全新认知、全新行为和全新价值；所谓"全价值"是打破单个价值体系的封闭性，穿透所有价值体系，整合与创建出前所未有的、巨大的价值链。

中国版的法定数字货币呼之欲出，尽管不是最早采取央行发行数字货币的国家，但可以想象将具有标志性的意义。因此，中国版的法定数字货币何时发行，以及发行后将如何深刻改变金融体系，已经打开了想象空间。

五、数字货币将改变金融体系和理财方式

现在，我们大概可以推测，未来将可能出现一国的法定货币（简称法币）、比特币（数字货币）、Libra（稳定数字货币）和央行发行的法定数字货币四种类型的货币。我们可以从发行机制、信用背书、发行范围、是否使用区块链技术等方面，对四种类型货币进行一个比较。

四种类型货币的比较

	发行机制	信用背书	发行数量	匿名性	流通范围	是否使用区块链等数字技术
法币	央行中心化发行	国家信用背书	无上限	匿名	取决于该国法币在世界范围的认可程度	否
比特币	去中心化	无	2100万	匿名	全网	是
Libra	中心化发行，去中心化使用	线下一揽子资产，以美元为主	无上限	匿名或实名	全网	是
法定数字货币	央行中心化发行	国家信用背书	无上限	实名	取决于该国法币在世界和网络的认可程度	是

不同类型的货币在发行机制、信用背书、发行范围、是否使用区块链技术等方面的不同特征，使得它们在应用场景、交易成本和匿名成本、违约风险等方面也具有不同的特点。应用场景，就是考察一种货币能够被多少商家使用，能够在多少种商业应用中获得使用，同时运用货币可以进行其他的增量服务，包括社交、理财、投资等。比如，数字货币的应用场景更多，可以用于点对点交易，还可以运用区块链技术完成复杂的商业行为协同。交易成本，即使用这种类型的货币进行跨时空交易的便利程度。匿名成本则衡量了在匿名保护上的难易程度。违约风险，即货币发行方或资金结算方不进行兑付的风险程度。

　　根据这四个维度，可以形成一个四维图形，对法定货币（简称法币）、比特币（数字货币）、Libra（稳定数字货币）和央行发行的法定数字货币进行非常直观的比较。

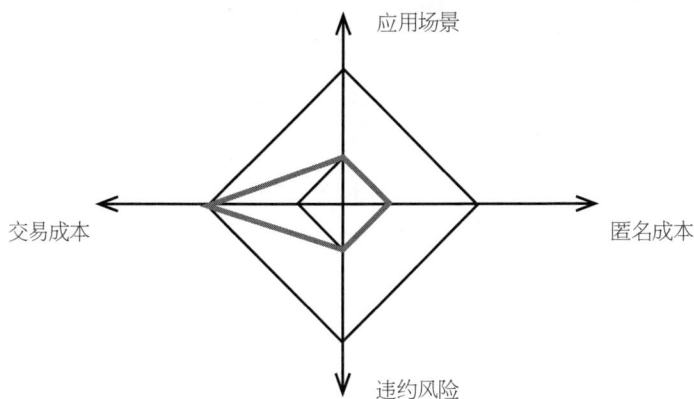

法定货币的坐标图

由上图可见，法定货币的应用场景相对较少，违约风险低，匿名成本低，交易成本高。

　　由下图可见，比特币的应用场景更加丰富，违约风险低，匿名成本低，交易成本高。

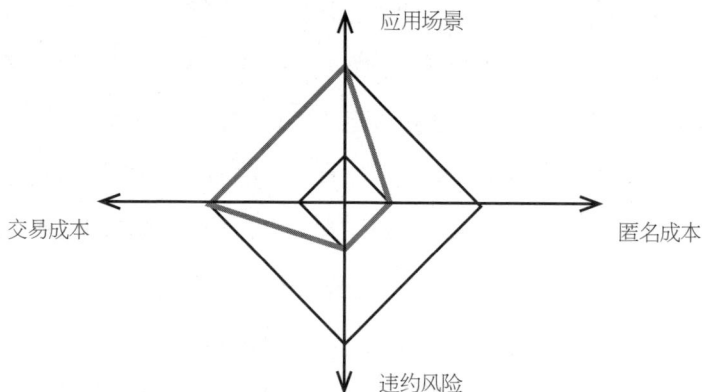

比特币的坐标图

　　由下图可见，Libra 的应用场景更加丰富，违约风险低，

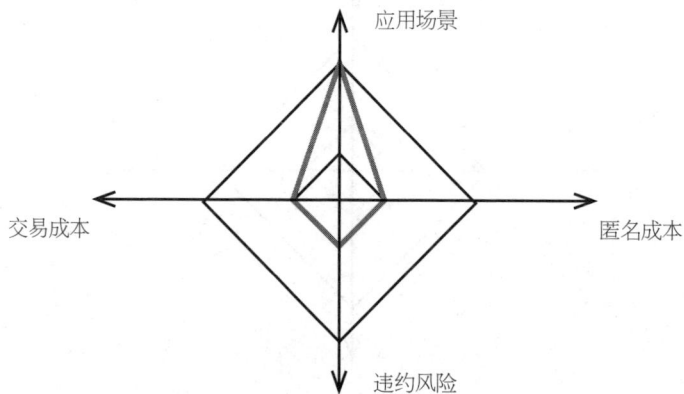

Libra 的坐标图

匿名成本低，交易成本低。

由下图可见，法定数字货币的应用场景更加丰富，违约风险低，匿名成本高，交易风险低。

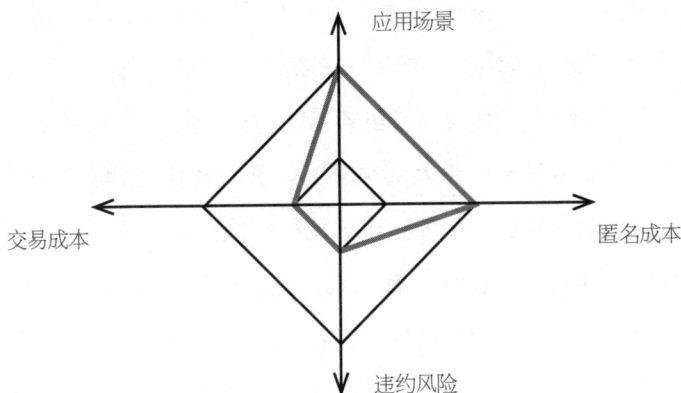

法定数字货币的坐标图

从这些比较中可以看出，央行发行的数字货币，可能是未来数字货币最理想的形式。因为法定数字货币具有 Libra、比特币丰富的应用场景，延伸丰富，同时由于国家主权背书，违约风险低。而且由于法定数字货币背后是国家机器，因此匿名成本更高，反诈骗、反洗钱更有利。综合起来看，如果数字货币是不可阻挡的趋势，那么法定数字货币就是最优载体。

但可以肯定的是，法定数字货币不会是唯一的数字货币。比特币以及其他加密货币，以 Libra 为代表的稳定数字货币，仍将在很大范围得到应用。这些新型数字货币，将如何改变今天的金融体系和金融应用场景？

首先，未来的数字货币将显著改变金融运行方式、拓展金融应用场景，改变人们理财、投资和使用金融的方式。前面已经谈到，任何金融创新都几乎围绕着这样三个基本要素来进行：一是价值的跨时期转移；二是就未来的偶然结果达成契约；三是使得价值交换变得更容易的可转让性。未来数字货币尤其将在后两者中产生大量颠覆性创新。既能运用区块链的优势，又能确保稳定的币值，这将使得智能合约在交易中得到大量运用，通过算法确保"就未来的偶然结果达成契约"，消除在契约履行时间差中的任何不确定性。这将使得数字货币真正在商业交易中大放异彩。尤其是那些跨越时间长、参与主体多的复杂交易，更能凸显数字货币的区块链技术优势。同时，具有稳定价值的数字货币一旦大量应用，必然会催生以数字货币计价的"数字资产"，以及与数字货币产生影射关系的投资理财产品。人们将有可能在虚拟世界以数字货币形式持有资产，这将让人类产生全新的财富形式。

其次，金融监管方式、货币调控手段也将随之与时俱进，向着更加智能化、精准化的方向发展。当具有稳定价值的数字货币大量应用到经济活动中，金融监管方式也不能再采用原有的方式，反洗钱、反诈骗、反恐怖融资等都需要跟得上区块链的监管创新。由于每一笔钱的去向都可精准定位，监管机构完全可以通过大数据、云计算和人工智能分析来制定更加精准有效的货币政策，并通过类似"触发机制"的前置设计确保货币政策精准执行。

最后，未来的数字货币也将显著改变全球的跨境支付体系。当前的全球跨境支付体系以 SWIFT（环球同业银行金融电讯协会）和 CHIPS（纽约清算所银行同业支付系统）为核心系统，这两个系统无一例外都掌握在美国手中，成为美国保持美元霸权和长臂管辖的工具，发展中国家的话语权与其不断崛起的经济力量不成比例。SWIFT 和 CHIPS 技术陈旧、效率低下，也已久为人所诟病，已经难以适应全球数字经济蓬勃发展的需要，改革顺应形势、得乎民心。数字货币，尤其是央行发行的法定数字货币，可以为改革全球跨境支付体系提供新的可能性。

但即便有上述这些深层次的改变，数字货币仍将面对一个终极难题，那就是未来的数字货币是否会挑战美国的美元霸权。尽管布雷顿森林体系早已瓦解，但是美元霸权到今天依然存在。美元至今保持着全球第一大国际货币的地位。在全球外汇交易中，大约一半涉及美元，美元被广泛视为锚货币。美元击败了欧元、日元等所有试图挑战其国际地位的货币。未来的数字货币，能否成功挑战美元霸权？这个问题从目前来看，难以给出确定的答案。

脸书公司的 Libra 锚定的线下资产，有 50% 是美元，因此 Libra 如果在线上世界得到广泛应用，这对于美元来说不是替代，而是拓展了其影响力。面对美国国会众议院金融委员会质询 Libra 如何避免削弱美元的主导地位，扎克伯格如此回答道：因为它的储备将主要是美元，这样的项目可能会延长美国经济的领导地位。用一句更加通俗的话来说，Libra 可以看作是美元在数字世界的映射，Libra 如果大获成功，那么这将把美元霸权从现实世界延伸到数字经济，把美元霸权从现在延伸到未来。因此，由于把线下资产主要锚定美元，Libra 不是作为美元的替代者出现，而是美元换了一个面目在数字世界的重生。

那么接下来，数字货币能否终结美元霸权，就要看中国的央行数字货币。中国发行央行数字货币，确实开辟了人民币国际化的新路，但是要挑战美元霸权、成为世界货币，还需要解决自由流动、可转换性、信息透明度等问题，这些问题不仅涉及进一步的金融开放，也不仅涉及中国经济实力的进步，还关乎一系列深层的制度改革。这显然已经超出了数字经济的范畴，因此答案仍然是一个未知数。

由此可以总结道，数字货币在改变金融运行方式、拓展金融应用场景、改革金融监管方式、颠覆跨境支付体系等方面将产生巨大影响，但数字货币是否能够替代美元霸权，则是一个需要交给时间来回答的问题。

第八章

数字时代，
你将如何实现
"数字化生存"？

面对呼啸而至的数字经济浪潮，个人将如何生存、如何寻找意义和价值？人们更需要培养创造性思维能力、把握隐性知识的能力、"人机协作"的能力，同时可以实现现实世界与虚拟世界的多元化生存。

知识要点

　　1. 未来不会出现庞大的"无用阶级"，人工智能可以在生产端取代人，但是人作为消费者的价值不可替代。未来人们也会很忙碌，不是忙于生产，而是忙于消费。

　　2. 信息技术也将对就业产生积极影响，主要来自于生产率提升对上下游产业的拉动、资本积累效应和新工作创造等方面。在新技术带来的冲击之下，就业会发生结构性的转移，人们必须准备创造新的自己。

　　3. "当今越来越复杂和多变的环境要求我们成为聪明伶俐、左右逢源的狐狸，而不是眼界狭隘、目光短浅的刺猬。"当简单重复的工作可以被取代时，人们要善于培养创造性思维能力、把握隐性知识的能力、"人机协作"的能力。

4.随着知识更新迭代速度加快，人生的意义和价值将从追求"being"（存在）转变为追求"becoming"（成为），保持自我超越，把现在的自己当成要走过去的桥梁，创造出无数个可能的自我。

5.未来，随着大数据监视的无处不在，人们需要接受"有限隐私"的观念。但"有限隐私"也需要坚守底线，即需要为人保留其内心"己所独知而人所不知"的领地。人应该有权利确保自己的内心世界拒绝未经允许的接近。

6.人与人、人与物、人与场景有了时刻在线、互联互通的现实可能，由此真实与虚拟、此在与彼岸的边界更趋模糊。人们可以在虚拟世界创造"第二人生"，实现现实世界与虚拟世界的多元化生存。

7.未来，整个社会数字化进程加快，物理世界将映照到数字世界，形成一个彼此映射的"数字孪生世界"。在数字孪生世界，可以用成本很小的方式进行试错，这将使得人类不再局限于现实世界这一个时空，而可以在数字世界捕捉"未然历史"，获得观察时间分叉的能力。

在莎士比亚的名篇《哈姆雷特》中，犹豫彷徨和忧郁多思的主人公在一段独白中，从精神层面对人作出了最高的礼赞："人类是一件多么了不得的杰作！多么高贵的理性！多么伟大的力量！多么优美的仪表！多么文雅的举动！在行为上多么像一个天使！在智慧上多么像一个天神！宇宙的精华！万物的灵长！"在这首赞美诗之中，"美好的框架""庄严的屋宇"与人的精神相比一文不值，可见人的精神具有超越于万物之上的独特价值。

　　中国古人也说，"天地之间，莫贵于人"。古希腊哲学家普罗泰戈拉在《论真理》中写道："人是万物的尺度，是存在者存在的尺度，也是不存在者不存在的尺度"。千百年来，人类把自己视为宇宙的灵魂、万物的尺度，是高踞于客观世界之上的灵性存在。

　　在工业革命以来的历史中，人的主体性、意识和精神价值，没有受到任何替代性的挑战。反倒是机器替代人的体力劳动之后，使得人的精神价值得到了更大的解放。但是今天，人类用自己的精神唤醒沉睡的客观世界，也唤醒了一个智能的

"对手"。大数据、人工智能以及脑科学的进展，让人类突然面临一个前所未有的命题：人的主体性，人的意识、智能、思想和精神，会不会被某个算法或者机器人取代？

"为自然界立法"展现的想象力，数学公式里纯粹理性的秩序感，十四行诗里流露的百转千回、剪不断理还乱的情感，看见落日的忧伤、仰望星空的沉思、独对内心的冥想……人类的心智，人之所以为人的独特精神价值，真的有一天会被取代？面对这样的灵魂之问，每个人都会感受到思想的冲击。

其实，这样一个高大上的问题，也与每一个具体行进的生命息息相关。你所从事的工作，会不会被人工智能取代？未来会不会真的出现大量的"无用阶级"，而你会不会成为其中一员？数据智能和生物科技不断蚕食人的能力疆域，人还可以在哪些独特的领地竖起技术攻不破的围墙，从而依然保存人之为人的独特价值？这些问题，其实指向了一个人在未来如何与人工智能等技术共存的问题。换句话说，未来，你将如何存在？

从基本的原理出发，我们将首先发现，未来不会出现大量的"无用阶级"，人在可预见的未来，仍然具有某些不可替代的价值，无论是在物质层面还是精神层面。但人类的存在方式，将会彻底改变，与过去分道扬镳了。我们每个人都需要作出相应的改变，才能适应未来的变化。

一、不会出现"无用阶级",人作为消费者的价值无可替代

现在,已经有很多人工智能取代人的事情发生。IBM 的人工智能计算机系统沃森可以学习大量文献,通过"假设自动生成"完成诊断;一个名为"达芬奇系统"的机器人被誉为当今世界最先进的微创外科技术平台,代表了世界外科手术机器人的最高水平。不仅在医疗领域,在律师、新闻写作、会计、零售等各个领域,人工智能都获得了很大范围的应用。

现在,"消灭收银员、消灭导购员、消灭服务员"的无人超市掀起了零售业变革,也用一个具体可感的方式让人看到人工智能替代人的巨大潜力。于是,很多人由此预言,人工智能将越来越多、越来越深地取代人的智力劳动,未来很多工作都将被人工智能取代,很多人将沦为没有经济价值的"无用阶级"。有人预测有 90% 的人将沦为"无用阶级",贩卖焦虑的自媒体公众号正好借此吸引流量:你会成为另外的 10% 吗?

如果仅从"机器取代人"的视角来理解这个问题,那么其逻辑看起来非常合理:工业革命以来,机器取代人是取代人的体力劳动,现在人工智能、算法和机器人可以取代人的智力劳动。但从经济学的视角来看,这实际上只是从供给侧来看待问题。但要全面看待人工智能的影响,既要看供给侧,

也要看需求侧。

道理很简单，资本主义生产方式的奥秘就是一句话，生产出来的东西被消费了，供给与需求必须达到均衡，才能共同推动经济增长。对一个经济体而言，供给决定了能生产什么、生产多少，需求则决定为谁生产、需要生产多少，显然需求是供给和生产的目的，也为其设置了天花板。如果生产的东西超过总需求，那就是生产过剩，多余的产品并不创造价值。

从供给与需求匹配的视角来看，人工智能确实可能在供给侧大量取代人力；但从需求侧来看，人作为消费者的价值，作为总需求的源泉的价值，则会显得更加有意义。道理很简单，人工智能大量取代人力，肯定会大幅提升生产效率，能够生产出比以前多得多的产品，可谓物质的极大繁荣。但是如果社会的总需求不能跟上人工智能急速提升的生产能力，那么可能带来的一个结果，就是大量的生产过剩。所以，从基本的经济学原理出发可知，未来人在需求侧的价值将越来越重要，虽然人在供给侧被取代了，但是人工智能生产的东西，还指望人去消费呢！

由此可以预测，未来不会出现大量的"无用阶级"，也不用像人工智能的某些鼓吹手推测的那样对人的价值满腹悲观，甚至于担心那么多人无所事事、到处游荡，会带来很多社会问题。原因很简单，人工智能取代人力后会带来供给能力的极大提升，企业家们正需要调动人作为消费者的每一个感官细胞，占据人的每一段闲暇时间，这样才可能消费这么多产品。如果穿越到人工智能大量取代人的时代，可以看到那时候人虽然从更多劳动中解脱出来，但是人会更加忙碌，不是忙于生产，而是忙于消费，忙于从大量低廉的商品中获得效用，根本不会出现无所事事的现象。

有人可能会提出问题：在需求侧来看，人工智能是否能够取代人作为消费者的功能？从人工智能目前的发展来看，在可预见的未来，人工智能将难以成为具有主观体验功能的消费者。为了证明这一命题，也无须深入到人工智能具体的技术细节中，技术细节有很多没有结论的争议。我们可以用反证法来理解，假设未来有一天人工智能成为具有主观体验功能的消费者，那就形成了这样一个格局：人工智能既能生产，又能消费，那么人工智能就能占据经济体系的生产和消费两侧，人工智能也就可以独立于人类，形成一个独立的经济循环，形成以人工智能为主体的文明体了。这显然是一个科幻层面的假设，所以在看得见的未来，我们可以拒绝人工智能取代人作为消费者的假设。

换句话说，我们在可以看得见的未来，只可能发生人工智能在供给侧取代人的情况，在需求侧，人将长期保持不可替代的独特价值。人工智能替代了人的生产功能，但是人还是唯一的消费者。这就出现了一个非常吊诡的现象：人工智能仍然在为人生产，人还是目的而非手段，人的主体性并未丧失。

二、有多少智能，就需要多少人工

其实每一次机器取代人，在消灭旧工作的同时，也在创造新的工作。人工智能也不例外。有这样一句话：有多少智能，就有多少人工。

工业化的历史，是永无停息的技术进步的历史，也是新的技术范式对旧的技术范式不断替代的历史。新技术虽然在旧的生产范式内会挤出劳动力，但并没有减少对劳动力的总体需求，恰恰相反，与技术范式的不断切换相伴随的是对劳动力需求的扩大和更高的实际工资。因此，可以合理地预期，在人工智能的冲击下，结构性失业无疑会发生，但是被取代的人力，将会在人工智能创造的新型经济结构中找到新的工作。

技术进步并非是就业的天敌，对就业的积极影响主要表现在四个方面。第一个方面是生产率效应。生产率效应可以表现为对新经济部门劳动力需求的增加，或者是对传统经济部门劳动力需求的增加。先来看第一种情形，假设人工智能大量应用于某个领域，那么该领域产品或服务的生产效率会大幅提升，相对价格就会下降，从而引发更多的市场需求，这会引发该部门本身的扩张，也反过来需要吸纳更多的劳动力。经典的例证就是自动取款机的广泛使用，并未减少对柜员的需求数量，相反引起了银行在更大范围内开设分支机构，从而最终在总量上吸纳了更多的就业。第二种情形可能更容易发生，人工智能在某个领域的大量应用，会刺激该领域上下游产业的发展，从而使得上下游能够吸引更多劳动力。比如，假设特斯拉的机器人工厂效率大幅提升，使得电动车的价格下降、需求激增，那么为电动车提供零部件的产业就会有更多业务，这在一定程度上可以对冲人工智能对就业的减少。

第二个方面是资本积累效应，新技术运用到某个领域或部门，将推动这个部门资本积累越来越大，这本身也会增加对劳动力的需求。我们可以将资本积累效应理解为人工智能部门本身快速扩张过程中所产生的对特定劳动力的持续需求，即部门本身所创造的劳动力需求。2017年领英《全球AI领域人才报告》表明，在全球范围内，通过领英平台发布的人工智能职位数量从2014年接近5万个增长到2016年超过44万个，人工智能人才需求3年翻了8倍。仅在中国，截至2017年6月，592家人工智能公司约有39200位员工，但人才缺口仍高达2倍。

第三个方面是自动化程度深化，就是说人工智能引入只是改变了工作的内容和方式，并没有取代人力。例如，数控机床对传统机床而言就是一种自动深化，它对在位工人的工作性质和内容产生影响，但对工人数量减少的影响并不显著。人工智能的运用，很可能也会出现这样的场景，即它只是改进了工作的方式、改变了工作的内容，但并不显著减少人的工作岗位。

第四个方面则来自于新工作的创造，这也是新技术对就业产生正面影响最为根本性的力量。工业化的历史表明，工业化不仅是一个自动化和机械化程度不断提高的历史，也是一个人类分工和职业类别深化扩张的历史。纺织、冶炼、农业的自动化与机械化进程也对应着管理、财务、销售、广告和咨询等行业的产生。电商使得很多传统店铺关门歇业，但是它在物流行业创造了很多就业岗位，并且催生了网红、平民模特、直播带货等新就业形式。人工智能已经产生了许多新的工作类别，涉及智能培训、系统建构与监护、个性化教育、医疗保健和设计等。而且，就像电商发展之前谁也不会想到快递会如此流行，人工智能未来还将创造什么样的新型职业，目前仍具有很大的想象空间。

从以上这些分析可以看出，人工智能很有可能不会对就业总量造成巨大冲击，它带来的最大冲击，在于改变就业的结构，即造成工作类型、工作方式和工作内容的变化，那些能够掌握人工智能技巧的人将获得优势。历史上的经验也表明，在新技术带来的冲击之下，就业会发生结构性的转移，这个过程是技术进步的必然，但对于个体来说，确是一个需要不断学习、不断创造自我的蝶变过程。

只有在教育和培训改善了人力资本的结构之后，这种调整才会结束。历史上这种调整的漫长记录不胜枚举：在 19 世纪末和 20 世纪初的美国，当时由于美国农业自动化水平大幅度提高，大批农业生产者面临失业窘况，美国为此推行了长达数十年的高中运动（High School Movement），规定每个美国人在年满 16 岁之后才能离开学校进入社会工作，这一过程不仅投入了大量的教育建设资金，也让大量农村劳动力失去了经济收入，但这一过程最终极大地提高了美国劳动力的质量，为随后的经济快速崛起提供了优质而充裕的劳动力资源。

对于个体而言，这样的转变必须越过：随着人工智能大量渗透到各个领域，势必引起就业结构的巨大变化，个人应该如何适应这个大趋势，确保自己在未来不失业、并能享受人工智能的技术红利？

三、从"being"到"becoming"，时刻准备创造新的自己

世界经济论坛主席施瓦布给人们提出了这样的建议："当今越来越复杂和多变的环境要求我们成为聪明伶俐、左右逢源的狐狸，而不是眼界狭隘、目光短浅的刺猬"。"狐狸"是思想家们经常使用的意象，黑格尔曾用狐狸来比喻"理性的狡狯"。未来我们为什么要更像狐狸而不是刺猬？在一个充满不确定性的时代，在一个简单重复的工作将日益被人工智能取代的时代，人们将会面临更多未知，要在人工智能不能胜任的未知领域展现人的独特价值，这需要人们更加具有狐狸那样善于因应形势、适应变化的能力。

哲学家康德说过一句闪光的话："任何时候都要把人作为

目的，而不仅仅是手段"。现在，人工智能的发展越来越走上一条智能与意识分离的方向，人在很多事情上将会输给机器，很多工作也将被机器取代或者说外包给机器，而人能够留下来的不被取代的那部分，恰好是最能标志出人与万物根本差别的东西，是人之为人最特殊、也最重要的东西，这也就是人的意识，包含了理性、感情和意志的精神意识。其实，从积极的视角来看，人工智能为人的解放提供了一个前所未有的机会。"任何解放都是使人的世界即各种关系回归于人自身"。

但是作为个体，如果要抓住这个机会，就必须让自己能够在人工智能取代常规工作的情况下把人的独特价值挖掘出来。一个人应该至少培养以下几种能力。

1. 注重培养自己创造性思维的能力。在讲到人类组织形式应该更加集中还是更加扁平时，我们看到在面对"未知的未知"时，依靠既定算法运行的人工智能也将力有不逮，但是人类智能所具备的灵活迁移能力、独特感知能力和创造性思维能力，可以让人在应对未知世界时展现出更大的灵活性与可能性。创造就意味着对未知世界的探索，需要面对无限可能的结果，需要想象力的翅膀才能翱翔于未知的天空。阿基米德在洗澡时灵光一闪发现浮力定律，牛顿看见苹果落地而想象万物皆有引力，特斯拉在夕阳西下时朗诵歌德的诗句而突然破解交流电传输秘密，爱因斯坦在一个感知到时间匀速流逝的世界里大胆猜想时间对每个人都不一样……这些创造性思维和想象力，向着未知世界开疆拓土的智力活动，是人类思维里不可被人工智能取代的灵性疆域，是独属于人类的应许之地。

显然，人工智能作为一种工具，可以为人类的创造性活动提供前所未有的帮助，使得人类不必拘泥于技术性工作，而可以更加专注于创造性活动。由此来看，死记硬背的知识、不断重复的操作、依靠记忆的经验，这些本领的价值在人工智能时代将大打折扣，人可以从记忆的负累中解脱出来，更加轻松地徜徉在思想的海洋里，搜寻那些创造的珍宝。比如，在新闻行业，机器人可以几秒钟就完成一个格式化的消息稿件，记者应该把规范化、程式化的新闻报道交给人工智能，而让自己的精力能够专注于创作那些有洞见的深度报道；在律师行业，可以把搜索卷宗、整理既往判例的工作交给人工智能，这将比人类自己搜索效率高出很多倍，而律师可以把更多精力用于创新诉讼策略上。

2. 注重培养自己把握隐性知识的能力。哲学家维特根斯坦说过这样一句话："世界是事实的总和而非事物的总和"。如何来理解这句话？其实他想表明，事实可以理解为事物之间的联系，维特根斯坦想表明，事物之间的联系比事物更真实。而捕捉事物之间微妙关系的能力，恰是人类的专长。凡人皆有洞幽烛微、见叶知秋、见微知著的迁移能力，这也恰恰是人类之所长而人工智能之所短。

经合组织在给知识经济定义时，把知识分为四类：知道是什么的知识（Know-what）即事实知识（"知其然"）、知道为什么的知识（Know-why）即原理知识（"知其所以然"）、知道怎么样做的知识（Know-how）即技能知识和知道是谁的知识（Know-who）即人际知识。根据这种分类，前两类知识属于"编码化知识"即"归类知识"（"言传"型），亦即"信息"，较易于编码化（归类）和度量，这类知识很容易通过"算法＋数据"进行处理。后两类以及其他各类知识比较难以编码化和度量，属于"默会性知识"或者说"隐性知识"，属于"只可意会，不可言传"的范畴，人们需要在实践学习中获得。

这其中，也有"能指"与"所指"的区别。"能指"指物理世界在感知中的镜像，"所指"指信息所反映的事物的概念及拓扑关系。比如，对于一杯水，机器可能表征它为高度、宽度、密度、颜色等客观数值参数，而人类除此之外，还可以把它表征为热情、友谊、问候、送客等方面的多维内涵外延拓展，使得一杯水可以具有非常丰富的文化内涵，这种千差万别的混合指向变化，机器无论如何是表征不出、处理不了的。包括特定氛围下的一个眼神、一个手势，也只有当局者才能解其意、明其妙，人工智能无法体会其中的乐趣。因此，认知科学家说，计算机只有语法，没有语义，唯有人类可以把握语言、场景、文化等背后的隐秘联系。

3. 注重培养自己"人机协作"的能力。人类智能在感知、推理、归纳和学习等方面具有机器智能无法比拟的优势，机器智能则在搜索、计算、存储、优化等方面领先于人类智能，两种智能具有很强的互补性。人与计算机协同，互相取长补短将形成一种新的"1+1>2"的增强型智能，也就是融合智能，这种智能是一种双向闭环系统，既包含人，又包含机器组件；既大于人，也大于机器，结合二者之所长而避其短。比如，人类通过直觉和联想，能够隐约看见许多通过理性逻辑看不到的关系、联系，从而把许多平时风马牛不相及的属性、成分关联在一起形成某种意向性的可能存在。而机器更适合于分类聚类，利用强大的数据处理能力构建认知模型。

所以说，未来不会出现人工智能完全取代人，更有可能出现的场景是人机协作。阿里巴巴集团主要创始人马云说过，"过去的机器是人类的工具，未来的机器是人类的合作伙伴"。"人机协作"主要体现为两种形式，一种形式是内部化的，即人工智能主要是一种技术深化，人工智能已经渗透到某个领域，工作人员必须要学会使用人工智能技术。举一个简单的例子，人工智能已经形成了独特的会计算法，那么从事会计工作的人就必须要学会使用这一新工具。另一种形式是外部化的，体现为人类智能与人工智能分工协作。比如，让人工智能更多承担技术性、常规性工作，而人来进行更多创造性活动；再比如，在科研领域可以由人来提出大胆的猜想，通过人工智能、数字孪生、数字模拟等技术来更快证明或证伪人类的假想。要掌握"人机协作"，就要求人们既要了解人工智能技术，也要在此基础上能够更好拓展人自身的独特能力。

4.注重培养自己适应变化、应对未知的能力。未来，知识将以更快的速度更新换代，由此带来的一个客观后果，就是社会变化的速度、广度和深度都将大幅提升。人类踏上人工智能这个飞速行驶的飞船，就注定不可能停下脚步，每一个人都需要具备快速适应变化的能力。尤为重要的是，目前我们能够作出的预测，都是基于现在已有的信息，未来还有很多事情是出乎意料的，还有很多变化是未知的，甚至是我们现在还不知道自己不知道的变化，即"未知的未知"。要应对不可预知的未知，唯一途径就是增强自己的"柔适性"，能够像狡猾的狐狸、善变的变色龙那样，随时能够创造新的自己，迅速适应新的环境变化。

这样一种不断适应变化的存在方式，颇有些类似于中国文化典籍《易经》中所描述的那样："一阴一阳之谓道，继之者善也，成之者性也。"日月阴阳，变化无穷，继之成之，方为正道。未来亦是如此，唯有变化是不变的，唯有未知是目前已知的，那时候每个人都或主动、或被动地进行自我迭代。比如，当人工智能带来就业大转移的时候，总有人会掉入命运的缝隙中，失业或者不掌握新技能就面临失业的风险，如同达摩克利斯之剑悬挂在每个人头上，每个人都面临着这样的选择：作出改变，或者被打翻在地。

这说明，未来人们的生存方式，将发生一个根本性的变化。千百年来，人们在思考人的价值时，关注的焦点都在"存在"上。这即是著名的哈姆雷特之问："生存还是毁灭？这是个问题。"这个问题的本质在于存在还是不存在（to be or not to be），这里面包含着对于人的价值的静态假设。但是在未来那样一个急速变化的语境下，人的价值不能停留于存在，而要关注人能够适应变化而成为什么。换句话说，那时候每个人都要以变化作为一种存在方式，不在于静态的 being 或存在，而要动态地 becoming 或改变。

未来没有一种技能或职业可以永远保鲜，谁也不知道会在哪一个醒来的清晨突然发现技术替代已经站在门口。日新月异的技术进步造成了一个变动不居的时代，使得一切都处于不确定性之中，隔着无知之幕谁都可以感受到躁动不安的气氛。这时候能做的，就是让自己成为可以变成万物的水或者火，保持学习能力与变化的可能性，用适应变化能力的确定性应对变化的不确定性。

尼采说过："人是一根系在动物与超人之间的绳索，——一根悬在深渊之上的绳索。/ 一种危险的穿越，一种危险的路途，一种危险的回顾，一种危险的战栗和停留。/ 人身上伟大的东西正在于他是一座桥梁而不是一个目的：人身上可爱的东西正在于他是一种过渡和一种没落。"尼采说人必须被超越，必须走过危险的绳索，完成对自己的超越。这其实就是一种

"becoming"的哲学观，保持自我超越，把现在的自己当成要走过去的桥梁，而不是最终抵达的目的，目的总是在前方，不在于现在自己是什么，而是将来自己能成为什么。

总之一句话，未来人的存在方式，将从 being 转变成 becoming，从追问存在转变为寻求改变，创造出无数个可能的自我。

四、limited privacy，你的隐私，我的权力

《人类简史》的作者尤瓦尔·赫拉利在新冠肺炎疫情蔓延时，写过一篇刷屏的文章——《冠状病毒之后的世界》。在这篇文章中，赫拉利提到了一个值得警惕的现象，即大数据监视在疫情防控中起到了很大的作用，如果任由在疫情结束后仍蔓延，会对人的隐私甚至自由造成巨大的侵害。

赫拉利写道："如果公司和政府开始大量收集我们的生物识别数据，他们将比我们自己更了解我们，那么他们不仅可以预测我们的感受，还可以操纵我们的感受，并向我们出售他们想要兜售的任何东西，从产品到政治观点。"

事实上，大数据时代无处不在的监视对隐私的侵蚀，这些年一直广受关注，赫拉利担心疫情防控中的某些应急做法，会强化数据监视对隐私的侵犯。在赫拉利看来，无所不在的监视继续演变下去，将不只是侵害隐私那么简单，很可能会侵害人

的自由，会突破人内心最后留给自己的堡垒，而把自己完全暴露于掌握数据的政府或大公司手中。

这样的担心不无道理。数据将在未来成为新的生产要素，数据的获取、存取、转移、处理和分析都将变得非常廉价，这将使得数据监视之网越织越密。在大数据时代，数字化、廉价的存储器、易于提取、全球性覆盖等因素叠加，将使得数据监视对生产生活的渗透更加深化。摄像头、芯片、传感器将在生活中无处不在，时时刻刻监视我们的一举一动，并把这些行为转化为数据，源源不断地传输到数据中心。

网络购物平台诚实地记录下我们每一条购物信息，以分析我们的消费偏好和购物习惯；路口的摄像头知道我们在车上吃食品，开车的时候只有一只手放在方向盘上；家里智能家居的传感器，知道我们何时煮饭、何时洗澡，甚至还知道我们在卧室里窃窃私语着什么……在那样一个全息数据的时代，人们的一言一行都可能被记录下来。天无不覆，地无不载，无所逃于天地之间，也许就是那样一种状态。

被誉为"大数据时代的预言家"的维克托·迈尔-舍恩伯格（Viktor Mayer‒Schonberger）指出，在信息权力与时间的交会处，永久的记忆创造了空间和时间"圆形监狱"的幽灵，在其中，每个人都可能不停地被诱使去进行自我审查。舍恩伯格还指出："大型企业和政府往往会利用信息权力的差异来获得信息优势，信息权力接踵而至地从无权者流向有权者，从被监视者转向监视者。"这时候，掌握数据的一方将会对提供数据的芸芸众生说：你的隐私，我的权力。

这样一种无所不在的监视环境，也将改变人类的存在方式。隐私权是人的一项基本权利，不仅因为隐私涉及很多现实的利益，更重要的是隐私涉及一个人的尊严、自由和内心的意志，是一个人抵御外部世界的堡垒。对隐私权有很多种定义，但最重要的一条，是人的一种消极权利，是一种否定性的自由，是外部世界对一个人进行干预的边界进行划定，目的是"限制他人对个人秘密、匿名与独处等三个方面未经允许的接近"。科技伦理学家泰万尼从物理、心理、决策、信息四个层面对隐私类型进行划分。其中，物理隐私更多对应了物理空间内的独处权；决策隐私与心理隐私则反映了爱德华的"尊严说"；信息隐私则提倡个人对自身资料的控制权，限制他人对自身数据的收集、使用和传播。

说到底，隐私权，实际上是一个人在面对外部世界时一种自我保护的机制。正因此，在享受大数据和人工智能带来的红利时，其实每个人都应该思考这样的问题：为了生活的方便，可以在多大程度上转让隐私，又有哪些隐私是绝对不能为了方便而转让的？而社会的治理者、立法者则需要从更大层面来思考：提取、利用、转让个人信息的边界如何设定？

在未来，由于摄像头、传感器、芯片、定位系统等的无处不在，一个人无论是愿意还是不愿意，都需要接受这样一个不以人的意志为转移的事实：人的隐私范围将不断压缩，人们在客观上只能享有"有限隐私"（limited privacy）。但这里的"有限"还有另一层意思：即退无可退之时，仍需要保卫的隐私权利。这是被大数据侵蚀之后剩下的最后的个人领地，是个人面对大数据滔滔洪流必须竖起的最后的围墙，除非以国家安全或公共利益之名，否则不能将之暴露于外。

这其中，最重要的一条原则，是要确保人的内心世界可以拒绝未经允许的接近。大数据时代，人的行为大多已经暴露在无所不在的监视之中，为了保持人最后的尊严和主体性，必须要为人的内心保留一块"己所独知而人所不知"的领地。如果连最后这块领地也处于监视之中，那么人将彻底失去任何思想的自由。大数据处理中心，不仅能够掌握我们表露出来的言行，并由此分析我们的生活习惯、消费偏好、日常行程和社会关系，还能够时刻聆听我们内心的独白，抓取我们由于种种原因只能在内心嘀咕的那些话语，想想这将是多么可怕的场景！

尤瓦尔·赫拉利说可以通过皮下传感器探知人的内心感受，就是这样一种状态。到那时，个人与社会妥协的最后心理机制将不复存在，人的尊严与自由也将失去基础。正因此，当未来的人们不得已接受"有限隐私"（limited privacy）时，也必须要坚决竖起另一个堤坝：即在人的言行受到无处不在的数据监视之时，人必须要确保自己的内心世界有权利拒绝未经允许的接近。这个原则可以成为在有限隐私条件下的"心灵原则"。

同时，随着数据的存储变得极为廉价，记忆和遗忘的平衡反转，往事并不如烟，而会像刺青一样刻在我们的数字肌肤上。遗忘变得困难，而记忆却成了常态。今天留下的痕迹，在某个自己都遗忘了的时候，没准会被人搬出来公之于众，成为中伤自己的利器。这是在大数据时代隐私权保护的另一重含义。

近年来欧盟提出的关于信息主体的"被遗忘权"扩展了隐私保护的内涵。"被遗忘权"的出现，意在改变数据主体难以"被遗忘"的格局，赋予信息主体对信息进行自决控制的权利，并且有着更深的调节、修复大数据时代数字化记忆伦理的社会意涵。美国也推出了"橡皮擦"法案，其要求 Twitter、Google、Facebook 等社交媒体巨头应允许未成年人擦除自己的上网痕迹，避免因缺乏网络防范意识而不得不在今后面临"网络痕迹"带来的诸多困扰。

实际上，未来人们应该意识到，自己的脑容量是有限的，但是机器的存储是无限的，因此应该对自己的言行具有一种预防性的"痕迹管理"意识。应该事先就意识到，自己在特定语境下说出的话语、留下的留言，或者做出的行为，如果在道德上稍有瑕疵，由于可以长时间存储下来，那就可能在未来甚至自己已经遗忘的某个时候突然复活，给自己带来困扰。当然，除了自己的"痕迹意识"之外，国家也需要从法律层面界定如何进行社会信息的痕迹管理。

总结起来说，面对大数据不断侵蚀人的隐私范围，人们应该在有限隐私的情况下建立"心灵原则"，即确保内心世界具有未经允许不可接近的否定性权利。同时，随着数据的存储、记录能够实现记忆的常在，人们的隐私权也在拓展，即应该具有更加主动的"痕迹管理"意识。

五、Multidimensional Existence，在不同的时空扮演"多重自我"

大导演斯皮尔伯格的电影作品《头号玩家》2018 年在全球热映，电影讲述了一个现实生活中无所寄托、沉迷游戏的大男孩，凭着对虚拟游戏设计者的深入剖析，历经磨难，找到隐藏在关卡里的三把钥匙，成功通关游戏。电影的故事沿着两个时空展开，在现实世界，大男孩生活在社会底层，但在游戏的世界里，他可以刷新自己的形象，在"绿洲"里也依然可以成为超级英雄。

这个电影故事，无意间指明了人们在未来的生存方式：在网络和虚拟世界创造的多元时空中多元化存在，创造自己的"第二人生"。在虚拟世界，可以自己设计形象，可以重建个人与世界的关系。

未来，将是一个"万物皆媒"的时代。信息不仅在人与人之间传播，也在人与物之间传播。当电饭煲装上芯片，公共汽车装上传感器，那些平时在我们看来无声的"无机物世界"，顿时被赋予了新的信息生命，它们也时时刻刻在线，向人们发送各种各样的信息。在这种情况下，人与人、人与物、人与场景有了时刻在线、互联互通的现实可能，由此真实与虚拟、此在与彼岸的边界更趋模糊。人们的线上及时互动，将共同建构起的一个具有实效性的虚拟生活空间，形成嵌合"远处与近在，虚拟与物质"的混杂、流动的生活状态，为人类打造了多个表演的前台，即"多元化存在"（Multidimensional Existence）。

　　长期以来，人们倾向于认为网络使得生活变得更加碎片化，即频繁入侵的网络信息，使得人们很难聚精会神完成一件事情，而总是被不停地打断，无论学习还是工作，都面临碎片化的危险。但如果站在未来看"碎片化"的概念，已经在虚拟世界栖息的人们，有可能会这样批判这一概念：它实际上透露出以现实世界为中心的狭隘观念，已经不适用于现实与虚拟世界并行的未来。换句话说，当人们不仅可以在现实世界诗意地栖居，也可以在虚拟世界沉浸式地存在，那么人们实际上可以选择在两个平行宇宙建构不一样的自我人格和多元人生。

　　这就像电影《头号玩家》所揭示的：挣扎在现实世界的边

缘人，在虚拟世界同样可以成为超级英雄。在那样一种状态下，一个人可以在现实的世界里过着朝九晚五的生活，也可以在 AR/VR 创造的虚拟世界里实现压抑的梦想；可以在现实世界选择平庸，也可以在虚拟世界制造心跳的感觉。到那时，如何协调现实世界与虚拟世界的关系？如何对虚拟世界的体验进行价值评估？虚拟世界与现实世界谁更真实、谁更优先？等等这些问题，都将成为未来重要的伦理课题。

更为有趣的是，整个社会数字化进程加快，物理世界将映照到数字世界，形成一个彼此映射的"数字孪生世界"。在数字世界，可以用成本很小的方式对现实世界进行模拟，从而可以展示出很多种"分叉的历史"。博尔赫斯在《小径分叉的花园》里面讲道，时间犹如花园中的小径，可以分叉出无数个时空。但现实世界却只能存在于一个单向度的时空。比如说，在人生某个关键时刻，是选择 A 还是选择 B，结果迥然不同，但如果选择了 A，以后就永远无法假设选择 B 会发生什么。人们说"历史不能假设""世界上没有后悔药"，实际上就是说的现实世界只能选择一个单一时空。

物理学中有一个概念叫"各态历经"，就是经历所有可能状态，而现实社会发展是"非各态历经"，只能经历其中一种，并且前面的偶然选择会影响后面的选择，形成路径依赖。一系列偶然事物串成了一个时间序列，犹如一串相互联系的珍珠，我们人类就是经历这样一个单向度的历史，而放弃掉了很多种

"未然历史"。虽然不能逆转时空，但人们仍然好奇，假设当年亚历山大越过喜马拉雅山与中国军队相遇，东西方的第一次碰撞会是怎样？假设成吉思汗东征日本的船队没有遇到台风，东亚的历史会是怎样？具体到个人的人生，每个人都有一些"后悔"的事情，假设当初选择另一所大学，后面的人生路会是怎样？假设某个偶然事件没有发生，一只股票的走势会改变吗？现实可能只有一个，但人的思想却总是想挣脱时间这个无形枷锁，来看见更多的可能性。

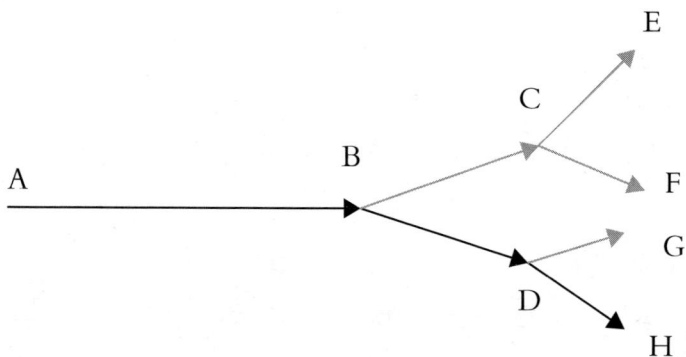

"时间的分叉"与未然历史

量子力学里面谈到，一个电子从这里到那里，其实有无限种路径，但是现实观察只能得到其中一种。时间如同单向度的河流，人不能两次踏进同一条河流，注定了历史与人生都只能占据一个时空。但数字孪生世界有可能赋予人们获取"分叉的时间"的能力。未来，可以运用数字化技术在数字

数字经济浪潮
——未来的新趋势与可能性

世界模拟各种时空，人们也许能够观察到，假设当初作出另一个选择，后面的轨迹将如何演进；假设没有发生某个事件，股票的波动会是何种情形。数字化技术很可能会真正在平行时空之间打开一个窗口，我们生活在现实世界的人们，即便不能改变现实的单向时空，但可以透过这个窗口，看见错过的另一条轨迹有可能会是什么样。数字世界有可能让每个人都有机会开天眼。

究竟是庄周梦蝶，还是蝶梦庄子？抑或是《盗梦空间》里对梦的解析：现在所处的究竟是现实世界，还是梦中世界，抑或是梦中世界里面的梦中世界？最后以至于难以区分现实与梦境。在多元化生存的未来，这些问题将不只是大学课堂上的哲学命题，更将关乎每个人的生存状态和人生价值实现。

责任编辑：李之美

装帧设计：汪　莹

图书在版编目（CIP）数据

数字经济浪潮：未来的新趋势与可能性／李拯 著 . —北京：
人民出版社，2020.12（2022.4 重印）

ISBN 978－7－01－022568－5

I.①数… II.①李… III.①世界经济－研究 ②中国—经济—
研究 IV.① F11 ② F12

中国版本图书馆 CIP 数据核字（2020）第 205324 号

数字经济浪潮
SHUZI JINGJI LANGCHAO
——未来的新趋势与可能性

李拯　著

人 民 出 版 社 出版发行

（100706　北京市东城区隆福寺街 99 号）

北京新华印刷有限公司印刷　新华书店经销

2020 年 12 月第 1 版　2022 年 4 月北京第 4 次印刷
开本：880 毫米 ×1230 毫米 1/32　印张：8
字数：150 千字

ISBN 978－7－01－022568－5　定价：52.00 元

邮购地址 100706　北京市东城区隆福寺街 99 号
人民东方图书销售中心　电话（010）65250042　65289539